# Memórias de Professoras:
# História e Histórias

Maria Teresa de Assunção Freitas
(Org.)

Julho 2000

EDITORA ufjf

MUSA

UNIVERSIDADE FEDERAL DE JUIZ DE FORA

"Memórias de professoras: História e histórias"
Endereço para correspondência: NUPEL - LIC
Grupo de Pesquisa Linguagem, Interação e Conhecimento
Endereço: Faculdade de Educação
Campus UFJF
CEP 36036-330 – Juiz de Fora - MG
Telefone: (32) 3229-3660
e-mail: lic@ufjf.br
homepage: www.lic.ufjf.br

Ficha Técnica:

**Editora UFJF**
Campus Universitário da UFJF
Prédio da Biblioteca Central
CEP 36036-330 - Juiz de Fora - MG
Telefone (32) 3229-3782 - Fax (32) 3231-1998
e-mail: editora@editora.ufjf.br
home page: www.editora.ufjf.br



**Editoração e capa**: Support Comunicação - (32) 3216-2957
**Impressão**:
**Coordenação Gráfica**: Jorge Arbach
**Apoio**: CAPES

Ficha Catalográfica

---

Memórias de Professoras : história e histórias / organização por Maria Teresa de Assunção Freitas. -- Juiz de Fora : Ed. UFJF, 2000.
142 p.

ISBN

1. Educação - História. 2. Professores - Memórias. I. Freitas, Maria Teresa de Assunção.

CDU 37 (091)

---

Impresso no Brasil - 2000

Co-edição: *Musa Editora*
*Universidade Federal de Juiz de Fora (UFJF)*

MUSA EDITORA

Rua Cardoso de Almeida, 2025
01251-001 São Paulo SP

Telefax: (0**)11 3862 2586
(0**)11 3871 5580

e-mail: musaeditora@uol.com.br
site: www.editoras.com/musa

*Impresso no Brasil • 2001 • ( 1ª ed.)*

# Apresentação

"MEMÓRIAS DE PROFESSORAS: HISTÓRIA E HISTÓRIAS", livro que estamos apresentando ao leitor, foi construído a partir do trabalho desenvolvido por um grupo de pesquisadores da Faculdade de Educação da UFJF.

Inseridos em uma pesquisa sobre leitura e escrita de professores[1], trabalhamos numa etapa inicial com histórias de vida de professoras em exercício nas escolas de ensino fundamental e médio da rede pública de Juiz de Fora[2]. Numa segunda etapa deslocamos nosso eixo de análise para um outro objeto: professoras aposentadas. Decidimos entrevistar professoras que ingressaram no magistério desde a década de 30 até a década de 60. Assim, procuramos abranger um período de atuação compreendido entre os anos 30 e 80. Ao investigarmos leitura e escrita de professoras aposentadas de Juiz de Fora, propusemo-nos entrecruzar suas histórias de vida com uma história maior. Através de seus relatos, pudemos desvendar um pouco do contexto em que viveram. Foi-nos importante não só conhecer as histórias de sua leitura e escrita, mas também percebermos como os fatores contextuais faziam parte dessa história. Portanto, ao entrevistarmos professoras aposentadas, pudemos surpreender uma história pessoal se entrecruzando com a coletiva, deixando aflorar importantes questões que nos ajudaram a melhor compreender a história da Educação em Juiz de Fora e no Brasil.

Através da memória destas professoras, pudemos entrever a escola de sua infância, recuperando dados históricos do início do século. Acreditamos que este mergulho no passado nos deu condições de olharmos para o presente com uma nova

---

[1] Trata-se da pesquisa "Cultura, Modernidade, Linguagem: leitura e escrita de professores em suas histórias de vida e formação", realizada no período de agosto de 1995 a julho de 1997, cuja vertente desenvolvida na UFJF foi coordenada pela prof.ª Maria Teresa de Assunção Freitas e contou com o apoio do CNPq e da FAPEMIG. A coordenação geral da pesquisa coube à prof.ª. Sonia Kramer do Departamento de Educação da PUC-Rio.

[2] Os achados referentes a esta etapa encontram-se publicados no livro: FREITAS, M. T. (Org.) Narrativas de professoras - Pesquisando leitura e escrita numa perspectiva sócio-histórica. Rio de Janeiro: Ravil, 1998.

perspectiva. Ao trabalharmos com a memória de um tempo vivido por professoras aposentadas, desvelando o passado, refletimos sobre o presente pensando um outro futuro. Desta forma, nos propusemos a promover o diálogo do texto das entrevistas com o texto da história da educação mais ampla, buscando subsídios para uma ação futura.

Trabalhando nessa direção, aproximamo-nos das sete professoras: Hilda, Eunice, Áurea, Cristina, Edna, Vicentina e Ana[3], cujas idades variam dos 57 aos 87 anos, todas com experiência de trabalho em escolas públicas de ensino fundamental. Contatadas as professoras e feitas as negociações, realizamos as entrevistas entre setembro e dezembro de 1996. Estas entrevistas, desenvolvidas de forma dialógica, foram gravadas e transcritas. Na maioria das vezes, foram necessários dois ou três encontros com cada entrevistada. A partir de cada entrevista transcrita e das notas de campo, cada pesquisador fez uma análise longitudinal, descrevendo a situação de produção das entrevistas e organizando uma cronologia dos dados colhidos, procurando relacioná-los com o contexto histórico e educacional do país e da cidade.

Num segundo momento, realizamos uma análise transversal das entrevistas à luz do referencial sócio-histórico de Vygotsky e Bakhtin, orientando-nos também pela teoria crítica da cultura de Benjamim e pela perspectiva dos estudos sobre história de vida de professores, no enfoque de Goodson e Nóvoa. Dessa análise, elegemos algumas categorias a partir das quais foram escritos os textos que constituem este livro. Cada texto traz as marcas de seus autores em suas diferentes leituras, com seus presumidos, seu horizonte social de visão da realidade, construindo-lhes um sentido próprio. Portanto, na intertextualidade/interdiscursividade dos textos e na diversidade das vozes, construímos os capítulos deste livro, nos quais se mesclam os discursos das entrevistadas, dos pesquisadores e dos autores estudados.

Iniciamos este livro com as palavras de Maria Teresa de Assunção Freitas, que descreve o cenário onde as narrativas acontecem e apresenta as narradoras em: "A cidade e as narradoras". Em seguida procuramos compreender o espaço onde as histórias ocorreram, focalizando Juiz de Fora, suas origens, características e processos de desenvolvimento. É este o tema do capítulo "De onde elas contam", escrito por Jader Janer Moreira Lopes e Rosa Maria Mendonça Valente.

---

[3] Hilda Nardeli, Eunice Alves Vieira, Áurea Nardeli nos deram permissão para que seus nomes fossem divulgados. As outras quatro professoras preferiram o anonimato e usamos nomes fictícios para preservar sua identidade.

Aprofundando o tema central da pesquisa, Maria Teresa de Assunção Freitas analisa a história da leitura e da escrita das professoras, percorrendo-lhes a infância, os anos escolares, a prática profissional, a vida adulta, até o momento das entrevistas, procurando responder se as professoras entrevistadas são ou não leitoras e escritoras. Este é o capítulo que se intitula "Leitura e escrita nas recordações de antigas professoras".

Em suas narrativas, essas professoras se referiram muitas vezes às bibliotecas escolares e públicas e às livrarias existentes na cidade, bem como à vida cultural de Juiz de Fora. Recuperando suas falas, relacionando-as com o contexto cultural da cidade, Regina Ferreira Barra Tarocco apresenta o capítulo: "Na memória de professoras, a vida cultural de uma cidade" e Regina Magna Bonifácio de Araújo escreve: "Falando de bibliotecas".

As entrevistadas falam de dois lugares, enquanto alunas que foram, e como professoras que se tornaram. Analisando o primeiro lugar, as suas recordações de alunas, Maria de Fátima Cavalcanti Machado Cruz, enfrenta o tema da mulher-professora em "Formação de professores: histórias de mulheres-professoras".

O segundo lugar, na perspectiva da prática e do exercício da profissão, é enfocado sob o ponto de vista das autoras Ana Paula de Oliveira Guedes e Celeste Aparecida Dias e Sousa que, em "A Prática Pedagógica das professoras, resgatando histórias de vida", falam do processo de ingresso no magistério e acompanham o percurso de 25 anos de atuação das professoras aposentadas e suas interações vividas num ambiente onde se mesclam autoritarismo e afetividade.

Finalmente, o tema das políticas públicas educacionais é abordado por Maria Tereza Scotton José em "Compreendendo a atuação de professoras frente às políticas públicas de educação". Neste texto, a autora faz uma análise do comportamento das professoras entrevistadas frente às políticas públicas emanadas dos organismos dirigentes.

Neste ano, em que comemoramos os 150 anos de Juiz de Fora, "MEMÓRIAS DE PROFESSORAS: HISTÓRIA E HISTÓRIAS" é um convite para o leitor empreender uma viagem no tempo, descobrindo um passado que possa iluminar o nosso presente.

# Índice

10 A cidade e as narradoras
*Maria Teresa de Assunção Freitas*

14 De onde elas contam
*Jader Janer Moreira Lopes e Rosa Maria Mendonça Valente*

30 Leitura e escrita nas recordações de antigas professoras
*Maria Teresa de Assunção Freitas*

62 Na memória de professoras, a vida cultural de uma cidade
*Regina Ferreira Barra Tarocco*

74 Falando de bibliotecas
*Regina Magna Bonifácio de Araújo*

82 Formação de professores: histórias de mulheres-professoras
*Maria de Fátima Cavalcanti Machado Cruz*


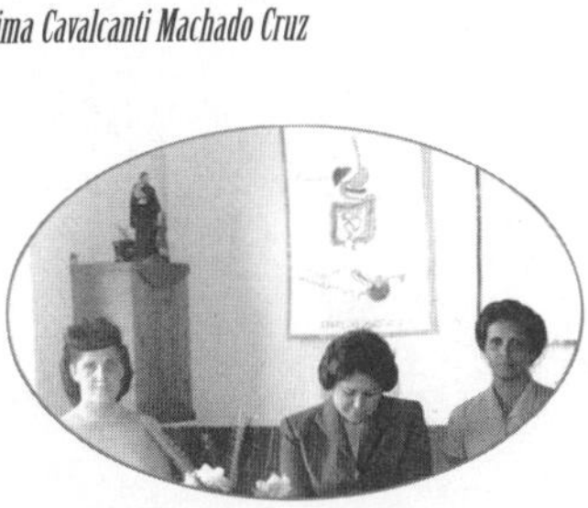


100 A Prática Pedagógica das professoras: resgatando histórias de vida
*Ana Paula de Oliveira Guedes e Celeste Aparecida Dias Sousa*

126 Compreendendo a atuação de professoras frente às políticas públicas de educação
*Maria Tereza Scotton José*

# A cidade e as narradoras

*Na praça, há o*
*murmurinho dos velhos*
*que vêem a juventude*
*passar; ele está sentado*
*ao lado deles.*
*Os desejos agora*
*são recordações.*

Ítalo Calvino

**Maria Teresa de Assunção Freitas**[4]

## 1- Descrevendo o cenário onde as narrativas acontecem

Assim como Marco Polo descreve para Kublai Khan as cidades por ele visitadas, na ficção criada por Ítalo Calvino, nos propomos descrever Juiz de Fora, cidade que nos é contada pelos relatos de professoras aposentadas. Assentamo-nos entre elas, ouvimos seus relatos, seus desejos transformados em recordações.

Entrando na trama de suas narrativas, pensamos em descrever a cidade que contam, falando das ruas que se originaram da antiga Estrada do Paraíbuna; dos belos edifícios que numa linha vertical cortam os ares, deixando para trás os velhos casarões da época do café; dos bairros populosos surgidos onde outrora se erguiam grandes fazendas; das fábricas que lembram os tempos de Manchester mineira; das escolas

---

[4] Professora da Faculdade de Educação da UFJF e coordenadora da pesquisa: **Cultura, Modernidade, linguagem: Leitura e escrita de professores em suas histórias de vida e formação** (vertente da UFJF), que deu origem a este livro.

construídas de tijolinhos aparentes, numa alusão à sua vocação industrial; do centro comercial agitado: ponto de referência de cidades da Zona da Mata; da Rua Halfeld, lugar onde tudo acontece e todos transitam; dos colégios religiosos já centenários que formaram gerações. No entanto a cidade não é feita apenas disto, mas principalmente das *"relações entre as medidas de seu espaço e os acontecimentos do passado"* (Calvino, 1991, p.14). E são estes acontecimentos do passado narrados pelas professoras, que dão vida à cidade, que passamos a descrever. *"A cidade se embebe como uma esponja dessa onda que reflui das recordações e se dilata"* (Calvino, 1991, p.14). A descrição que pretendemos fazer de Juiz de Fora contém o seu passado, que desponta nas narrativas das professoras que aqui vivem e iniciaram sua vida profissional entre as décadas de 30 e 60.

Assim, ao contarem suas histórias, um novo sentido vamos descobrindo nas ruas, nos edifícios, nas grades das janelas, nas fachadas das escolas. É um sentido impregnado por fatos, acontecimentos, histórias, vidas. Eles vão deixando de ser apenas cimento, tijolo e concreto, cenários mudos para começarem a falar através das vozes que povoam suas estruturas.

Estas vozes se multiplicam a partir das vozes das narradoras que vão encontrando, em suas recordações, outras pessoas que transitaram nestes cenários, conferindo-lhes novos significados.

## 2- Apresentando as narradoras

É interessante ouvir as sete professoras aposentadas. São pessoas diferentes, que viveram em épocas diversas, mas têm em comum o fato de serem professoras, e professoras que atuaram na rede pública do estado e do município. São mulheres cuja idade varia dos 53 aos 87 anos. Colocando-nos no meio delas, somos ouvintes e interlocutores de suas narrativas. De fato elas são narradoras, no sentido que Benjamin confere a essa palavra, pois intercambiam experiências. *"O que o adulto retém como saber de referência está ligado à sua experiência e à sua identidade"* (Nóvoa, 1995, p.25), pois o sujeito constrói o seu saber ativamente ao longo do seu percurso de vida. Ao falarem de sua infância, escolaridade e prática profissional, de suas leituras e escritas, elas vão desfiando sabedoria fazendo suas sugestões para a continuação da história. As professoras retiram de sua experiência o que contam: *"sua própria experiência ou a relatada pelos outros"* (Benjamin, 1987, p.201). Como interlocutores, vamos incorporando às coisas narradas a nossa experiência, fazendo a nossa leitura dos fatos. E mergulhando numa história instigante, vamos encontrando livros antigos, velhos manuscritos, uma escola perdida no tempo, antigos salões de reuniões familiares onde a leitura era o elo entre as pessoas. E as narrativas cheias de sentido não se esgotam nos fatos contados, pois não são meramente informativas, mas capazes de *"suscitar espanto e reflexão"* (Benjamin, 1987, p.204). Ao contar histórias, as professoras entrevistadas se transfiguram, voltam a um passado, revivem-no, seus olhos brilham ao descobrir que o que viveram teve importância, está sendo pesquisado e não será perdido pela História.

Envoltos nessas narrativas, forma artesanal de comunicação, vamos percebendo em cada uma a marca pessoal da narradora. Hilda, alegre, cheia de vida, vaidosa, com os cabelos louros encobrindo os brancos, fala com prazer de sua infância, juventude, enfim de sua vida de professora. Eunice, frágil no físico, mas forte, cheia de garra, não pára nunca. Apesar da idade, dos cabelos brancos, da vozinha já um pouco sumida, tem sua agenda repleta de compromissos ligados à causa da educação: continua a professora que sempre foi. Áurea, de fala rápida, espevitada, com jeito de mando, mostra que sempre gostou mais de ser diretora do que professora. Edna, sorridente e simpática, conta suas histórias de menina de interior e depois de professora que vai estudar Pedagogia e participar de novos projetos educacionais no Estado, dedicando-se tanto que até a família fica num segundo plano. Cristina, a lutadora que chega a ser professora, apesar de todos os obstáculos que a vida lhe interpõe, mas que ela vence com energia e vontade. Vicentina, a mulher independente que rompe com os padrões da época, morando sozinha, e enfrenta as autoridades educacionais reivindicando melhorias para sua categoria, através de uma participação ativa nos movimentos sindicais dos professores, ação que continua hoje na militância do sindicato das professoras aposentadas do Sind-UTE. Ana, a sonhadora e romântica, que hoje busca o descanso das atividades educativas nas aulas de ioga e na leitura e aproveita o tempo livre para um contato maior com os filhos adolescentes. Avós, mães e tias, e sobretudo professoras, essa mulheres educadoras têm muito a contar.

## Referências Bibliográficas

BENJAMIN, W. *Magia e técnica, arte e política.* Obras escolhidas. Vol. 1. São Paulo: Brasiliense, 1987.

CALVINO, I. *As cidades invisíveis.* São Paulo: Companhia das Letras, 1991.

NÓVOA, Antonio. Formação de professores e profissão docente. In Nóvoa, A. (coord.). *Os professores e sua formação.* Lisboa: D. Quixote, 1995.

# De onde elas contam?

*Conversa de mineiro...*

*Os mineiros, quando*
*se encontram na rua,*
*se detêm um instante e,*
*como duas formiguinhas*
*que se cumprimentam,*
*cumprem um rito*
*exclusivamente mineiro:*
*ficam sussurrando. O mais*
*que eles falam é segredo*
*mineiro: suspeita-se que,*
*debaixo do maior sigilo,*
*comentam sobre*
*"as gentes" da Bahia,*
*"as coisas" do Riojaneiro,*
*"uns trecos" do Sunpaulo*
*e outros países e povos*
*bárbaros. Tramam ocupar*
*novos territórios no*
*Espritosanto, ou sonham*
*com um porto do mar.*
*Quem sabe o que*
*conversam...*

Sebastião Rocha

**Jader Janer Moreira Lopes**[5]
**Rosa Maria Mendonça Valente**[6]

Será que contam coisas de mineiros? De gente teimosa, reservada e hospitaleira?

Será que falam de leitão assado, frango com quiabo, de panela de pedra?

Ou será que contam (ou cantam) coisas das suas Gerais?

Quem sabe falam até de si mesmos. Se contar é uma arte, falar de si mesmo não seria?

> Eu nasci numa cidadezinha pequena (...)... dizia Hilda.

> Eu gostava era de conversar, eu gostava de ensinar, eu gostava de ler, de namorar, não é? Essas coisas de criança que toda mocinha tem... contou Eunice.

E para quem elas contaram esses contos? Elas e outras professoras contaram suas histórias para nós pesquisadores. Histórias que foram tecidas durante as entrevistas que realizamos com sete professoras, as quais, além de nos fornecer subsídios para nossas análises, fize-

---

[5] Mestre em Educação pela UFJF.

[6] Aluna do Curso de Pedagogia da FACED/UFJF, bolsista PIBIC/CNPq, na época da pesquisa. Atualmente, professora do Colégio dos Jesuítas de Juiz de Fora

ram-nos sentir a estreita ligação desses profissionais ao contexto histórico-social.

As histórias de vida dessas professoras nos interessavam não apenas como relatos isolados, mas como histórias... pois, como nos diz Freire (1993), "(...) *não há homens no vazio*", qualquer ato humano é fruto de uma história social, ou conforme afirma Goodson:

> *Os estudos referentes às vidas dos professores podem ajudar a ver os indivíduos em relação a história de seu tempo, permitindo-nos encarar a interseção da história de vida com a história da sociedade, esclarecendo, assim, as escolhas, contingências e opções que deparam ao indivíduo (1992, p.75).*

As narrativas, os contos revestiram-se de um universo humano mais amplo, onde a harmonia conjugou-se com tensões e conflitos. O olhar dessas contadoras nos revelou uma realidade vivida. Como é a relação dessas professoras com a leitura e a escrita? Será que essa relação foi sempre a mesma ou se modificou nos tempos diversos? Que importância tem o contexto, o ambiente, na criação de espaços para a leitura e a escrita?

Buscamos responder estas questões escutando pessoas que viveram em décadas diferenciadas, com a esperança de podermos abranger um bom período histórico. As idades das professoras, variando de 53 a 87 anos, nos permitiram ler o passado a partir do presente.

Das falas destas professoras aposentadas pinçamos, em suas memórias, um passado que nos revelou a história da educação de nossa cidade e dentro desta a história da leitura e escrita das entrevistadas.

A necessidade que sentimos, de conhecer, de investigar a questão da leitura e da escrita na história vivida por esses professores, suscitou a abordagem de um panorama contextual que revelasse um pouco do espaço histórico-geográfico, social e político em que transcorreram as cenas narradas: a cidade de Juiz de Fora.

Situada num vale escavado pelo Rio Paraibuna e se alongando por entre um vasto mar de morros, Juiz de Fora é o principal centro urbano da Zona da Mata. Com uma economia que gravita em torno de pequenas e médias indústrias do ramo têxtil e do setor da construção civil e apresentando um setor terciário dinâmico e amplo, a cidade conta hoje com, aproximadamente, 500 mil habitantes.

No presente, sonhando com o futuro, lembrando as glórias de um passado as professoras desse canto de Minas vivem a sua cidade. Mas que passado?

Um passado decantado por Manuel Bandeira nos versos da sua "DECLARAÇÃO DE AMOR":

*Juiz de Fora! Juiz de Fora!*
*Guardo entre minhas recordações*
*Mais amoráveis, mais repousantes*
*Tuas manhãs!*

*Um fundo de chácara na Rua Direita*
*Coberto de trapuerabas.*
*Uma velha jabuticabeira cansada de doçura.*
*Tuas três horas da tarde...*

*Tuas noites de cineminha namorisqueiro...*
*Teu lindo parque senhorial mais segundo-reinado do que a própria Quinta da Boa Vista...*
*Teus bondes sem pressa dando voltas vadias...*

*Juiz de Fora! Juiz de Fora!*
*Tu tão dentro deste Brasil!*
*Tão docemente provinciana...*
*Primeiro sorriso de Minas Gerais!*[7]

Um passado onde a história de nossas pesquisadas encontra-se com nomes da história da cidade e do país:

Benedito de Carvalho, ele era delegado de ensino daqui, aí ele estava lá na Escola Normal (...) (Edna)

> (...) eles confiavam na gente: o Professor Murílio Hingel, o prefeito - Itamar Franco (...) (Ana)

Mas aí o que aconteceu: fui muito bem (...) Lembro do Professor e Dr. Oswaldo Veloso (...), Cosette de Alencar (...) (Cristina)

Essas pessoas, essas histórias nos conduzem (e seduzem) a dar uma volta pelo passado, num tempo longínquo, onde tudo aconteceu. Tempo onde Lindolfo Gomes buscou nas histórias populares, a Lenda do Morro da Boiada:

---

[7] In Cadernos para o professor. Pensando Juiz de Fora. Juiz de Fora: SME, 1993.

> *Lá no Morro da Boiada, onde era antigamente arraial de Santo Antônio, que existia antes de se fundar Juiz de Fora, havia uma capelinha do santo e um cemitério. Quando a população do Morro desprezou o local e veio para cá, onde está agora a cidade, trouxeram em procissão a imagem para o oratório do vigário, mas, qual! a imagem voltou para sua capelinha. Tornaram a trazer o santo, mas ele tornou a voltar. Era mesmo uma teima sem remédio.*[8] [9]

Mas... precisamos além da lenda encontrar as verdadeiras origens de Juiz de Fora que remontam ao período da expansão da mineração e da construção do Caminho Novo em 1709.

## 1- As origens de Juiz de Fora

O Brasil, segundo Ribeiro (1996), emerge como fruto de uma vontade externa: a empreitada européia - mais precisamente portuguesa - de se colonizar novas terras.

Dentro desse contexto, os modelos e moldes da ocupação de nosso espaço tiveram sua origem numa concepção externa. Os estados, as primeiras cidades brasileiras (São Vicente, Salvador, Olinda e outras) são fundadas como uma extensão da coroa portuguesa no desejo de dominar as novas áreas recém-descobertas.

Nossas cidades não surgem como uma transformação interna da organização espaço-social dos grupos que aqui viviam, mas como uma imposição externa da necessidade de montar-se base de apoio que possibilitasse o desenvolvimento dos interesses da metrópole na colônia.

Tudo isso trouxe peculiaridades próprias à nossa realidade: as primeiras estruturas urbanas brasileiras são *"pedaços de Lisboa no trópico, concebidas prontas. Os funcionários que aqui vinham fundá-las traziam orientações estritas: Casa de Câmara aqui, igreja li, adiante fortaleza e colégio"* (Santos, p.39). Não é sem razão, que todas elas guardam uma estranha semelhança entre si.

Mas isso não impediu que mais tarde, passados alguns séculos desse primeiro contato, surgissem espontaneamente alguns

---

[8] idem.

[9] "Reza a tradição que a imagem barroca de Santo Antônio de Pádua da Capela do Caminho Novo, após a construção da nova igreja, foi transladada em procissão para seu novo altar. Na calada da noite, misteriosamente, voltou o Santo para o primitivo nicho, ao longe, sem a intervenção humana. Hoje, pintada de novo, olhos grandes e brilhantes, acostumou-se na Catedral, construída no mesmo local onde existira a capela de onde fugira" (Lessa, 1985).

núcleos urbanos, com características próprias que divergiam de modelos trazidos de Portugal, construídos a partir do contato de diferentes pessoas entre si.

Há quem diga que foram coisas sólidas como metal, concretas como o ouro que criaram Juiz de Fora. Ouro. Riqueza. Enfim a coroa portuguesa havia descoberto o que de fato havia vindo buscar, o que valeria todo o alto custo do processo de colonização. A descoberta de ouro no interior trouxe uma nova organização do espaço: a colônia cresceu para o interior a partir da abertura de novos caminhos e o aparecimento de cidades distantes do litoral, como Vila Rica, Sabará. Começou a ser concretizado um espaço ocupado por habitantes que ficaram conhecidos como mineiros.

Inicialmente, o escoamento da produção aurífera para a exportação fazia-se segundo os caminhos traçados pelos primeiros bandeirantes. Esse caminho, que mais tarde viria ser denominado de Caminho Velho,

> *(...) saía de Guaratinguetá, atravessava a Serra da Mantiqueira na chamada Garganta de Embaú (Cruzeiro); saía em Passa-Quatro já em território mineiro e continuava rumando ao norte, passando por regiões que detêm os seguintes, nomes atuais: Itanhandu, Baenpedi, Cruzília, Carrancas, Macuco, Rio das Mortes, São João Del Rei, Tiradentes, Prados, Lagoa Dourada, Casa Grande, Lafaiete, Ouro Branco e Ouro Preto (Lessa, p. 15).*

A viagem era longa (em média cem dias) e com bastantes obstáculos pela frente. Foi na tentativa de modificar essas dificuldades e reduzir o tempo gasto para vinte e cinco dias, que a Coroa Portuguesa encarregou Garcia Paes de comandar a abertura de um novo caminho, que *"desse passagem a burros de carga de Barbacena diretamente ao Rio de Janeiro"* (idem, p. 16).

O novo caminho teria o seguinte percurso, segundo Oliveira (1966): saindo da Borda do Campo, atravessava a Mantiqueira na garganta de João Aires, passava em João Gomes, Chapéu D'Uvas, Juiz de Fora, Matias Barbosa, Simão Pereira, Serraria, Entre Rios, Barra do Piraí, descia a Serra do Mar, Macacos, Inhaúma, Penha e Rio de Janeiro.

A abertura desse caminho trouxe um grande desenvolvimento para a região da Zona da Mata mineira e para os locais por onde passava em Minas Gerais. Em suas margens, surgiram pequenos povoados com hospedarias e armazéns, sustentados pelo deslocamento das tropas, e postos oficiais de fiscalização do ouro. Esses povoados e postos, mais tarde, dariam origem a algumas cidades, entre elas, Juiz de Fora.

Denominado Santo Antônio do Paraibuna, o povoado que mais tarde daria origem a Juiz de Fora , inicialmente, era formado de pequenas vendas e algumas roças.

No ano de 1836, uma nova ordem oficial iria mudar a organização espacial da região. O então presidente de Minas, doutor Alexandre Siqueira, assinou a nomeação de Fernando Halfeld como engenheiro da Província, a quem coube a construção de um outro caminho que facilitasse ainda mais o contato entre a Capital Ouro Preto e a divisa com o Rio de Janeiro.

Para a construção da nova estrada, chamada de "Estrada Nova do Paraibuna", Fernando Halfeld aproveitou boa parte do já existente Caminho Novo, alterando seu percurso em algumas partes, levando em conta a região:

> *(...) ao atingir a ainda não existente Benfica, abandonou-o, atravessou o rio Paraibuna e agora, pela margem direita, traçou a rua Bernardo Mascarenhas, afastou-se da grande volta pela Grama do outro lado do rio, e para fugir aos pântanos, subiu o Morro da Glória (formando a Avenida dos Andradas, de forte rampa), contornou a imensa lagoa de 50 000 metros quadrados que havia no local do Largo do Riachuelo e, numa impressionante reta de cerca de três quilômetros (...) subiu até o Alto dos Passos. Dali, pendeu para a esquerda e, agora descendo em curvas pela Graminha, até alcançar novamente o rio, reatravessou-o no local da hoje chamada Ponte do Zamba e retomando Caminho Novo, seguiu-se para Matias Barbosa (...) (Lessa, p. 39-40-1).*

Esse novo arranjo espacial trouxe um novo desenvolvimento para a região, pois facilitou o deslocamento de homens e de mercadorias, reforçando a estrutura urbana que, gradativamente, aparecia.

Em 1850, com a criação da paróquia de Santo Antônio do Paraibuna, o povoado foi elevado à categoria de Vila e, alguns anos depois (1856), à categoria de cidade. A denominação de Juiz de Fora irá acontecer em 1865, e até hoje, é motivo de controvérsia entre os historiadores a origem de seu nome. O fato é que a cidade continuou seu desenvolvimento urbano e acabou mais tarde tornando-se o principal núcleo urbano da Zona da Mata.

## 2- E vem gente de todo lado...



O mineiro é um mosaico de gente. Gente vinda de todo lado.

Da Itália:

O meu pai era italiano veio pr'aqui mocinho (...) (Hilda)

De Portugal:

(...) e minha mãe nasceu em Portugal. ( Hilda)
Meu pai era português, sabe. ( Eunice)

Da Alemanha:

A minha família era de descendência alemã. ( Cristina)

De gente que nem atravessou o Atlântico:

(...) vim de São Paulo para ser criada com meus tios... (Cristina)

Gente que acabou chegando a Juiz de Fora. Gente que acabou construindo a cidade:

Meu pai foi um dos fundadores do bairro, existe uma rua com o nome dele, existe um Grupo Escolar com o nome dele: Antônio Alves Teixeira. (Eunice)

Gente que veio trabalhar num novo caminho. Caminho aberto pelo café.

Primeiro o ouro. Depois o café. Será que o destino dos mineiros é estar sempre preso à sua própria terra?

O café, cujo cultivo inicial restringia-se às fazendas do Rio de Janeiro, acabou espalhando-se por uma vasta área do sudeste brasileiro. À medida que aumentava seu consumo e seu valor, a cultura ganhava novas áreas, chegando a atingir a região da Zona da Mata mineira.

O esgotamento do ouro levou a uma reorganização da dinâmica econômica e populacional da região, e a Zona da Mata passou a ser uma área de atração populacional devido ao desenvolvimento da cafeicultura, constituindo-se como uma alternativa às antigas áreas auríferas. Segundo Girolleti (1988) a *"população da comarca do Rio das Velhas (...) emigrava principalmente para São Paulo, enquanto os habitantes de Vila Rica deslocavam-se para a Mata"*(p. 29).

A região desenvolve-se rapidamente e o café passa a ser um dos principais produtos de Minas. Girolleti informa que, no período de 1829-30, Minas já exportava 81.400 arrobas de café, sendo a região da Zona da Mata a principal produtora (mais de 99 % da produção).

A posição geográfica de Juiz de Fora no Estado muito contribuiu para o seu desenvolvimento. A cidade era o escoadouro de boa parte da produção, constituindo-se um entreposto comercial no caminho natural para os portos no Rio de Janeiro. A construção de uma nova rodovia iria reforçar esse caráter de entreposto comercial: a Rodovia União Indústria.

A construção dessa rodovia promoveu um fluxo mais rápido de mercadorias e transformou a cidade de Juiz de Fora num ponto terminal de escoamento agrícola . *"Com a abertura da Rodovia, grande parte do café exportado era reunido em Juiz de Fora para ser transportado"* (ibidem). Dessa maneira, a cidade beneficiava-se de sua própria produção e da produção vizinha. Mais uma vez, a construção de uma estrada irá marcar o desenvolvimento histórico de Juiz de Fora: a cidade tornou-se uma das mais prósperas da Zona da Mata, como pólo econômico, político e cultural.

A construção da rodovia União Indústria (iniciada em 1856 e concluída em 1861) trouxe, além do acúmulo de capital, a primeira leva de imigrantes alemães para a cidade, por iniciativa de Mariano Procópio Ferreira Lage, que buscava conseguir mão-de-obra especializada para a construção da estrada. A entrada de estrangeiros no Brasil recebia apoio da coroa que buscava gradativamente substituir a mão-de-obra escrava, cada vez mais rara e não qualificada.

Os alemães que chegaram a Juiz de Fora, se fixaram em uma vasta região, hoje correspondendo aos bairros São Pedro, Borboleta e Fábrica e acabaram contribuindo significativamente para a diversificação urbana da cidade, com a criação de cervejarias, curtumes, marcenarias e similares . Migração presente na história da família de Cristina:

> A minha família era de descendência alemã e aqui em Juiz de Fora, era assim: São Pedro era o número 1, Borboleta 2 e a rua Bernardo Mascarenhas 3. Ali residia grande número de famílias alemãs, conforme tem ali o Curtume, não tem aquela chaminé grande ali?

O fim da escravidão, aliado a uma política de imigração oficial, trouxe outros povos para a cidade. Além dos alemães, os italianos se incorporaram significativamente à população. A maior parte desse contigente populacional se fixou sobretudo na cidade, envolvendo-se com o comércio de alimentos, de armarinhos, de sapatos. Outros nem se fixaram, como pai de Hilda, que trabalhou como ambulante:

Meu pai começou como mascate, mas ele tinha o curso completo, na Itália, de Liceu (...) E ele tinha a profissão de relojoeiro e chegou aqui e não sabia como começar a vida. Então ia vendendo coisas nas lojas, nas roças, nas fazendas.

O acúmulo de capital proveniente do café, o desenvolvimento dos equipamentos urbanos e a presença de uma mão-de-obra especializada fizeram com que a cidade se tornasse um local ideal para a implantação industrial. Os investimentos de empresários locais, de alguns migrantes e de empresários de outros municípios não tardaram a acontecer, levando ao crescimento do setor secundário e do setor de infra-estutura: implantou-se a energia elétrica e desenvolveram-se novos ramos de transporte e comunicação. Tudo isso promoveu um dinamismo no setor terciário: o comércio cresceu, e, em 1889, foi fundado o Banco de Crédito Real; desenvolveu-se também a área da saúde e da educação.

Os setores que mais desenvolveram foram o da alimentação e da indústria têxtil. Todo esse crescimento industrial valeu à cidade o nome de Manchester Mineira, em uma comparação com a cidade inglesa. Essa prosperidade não criou, no entanto, melhores condições de vida para os seus habitantes como transparece nas estrofes de Sérgio Campos:

Eras a 'Manchester Mineira'
na indústria da malharia
vida operária me lembra
trabalho sem garantia
Vida operária me lembra
acidente a quem trabalha
'Manchester' falido império
da indústria velha da malha

Hoje indústria renascida
de riquezas minerais
que fazes de tua gente
nas malhas de teus metais? [10]

Esse período de crescimento durou apenas algumas décadas e alguns fatores concorreram para isso. A própria crise do café diminuiu o investimento no setor industrial: os equipamentos urbanos e de infra-estrutura não acompanharam o desenvolvimento das fábricas e maquinários, tornando-se obsoletos. O deslocamento do eixo-eco-

[10] In Cadernos do Professor. Pensando Juiz de Fora. Juiz de Fora: SME, 1993.

nômico para São Paulo e a transferência da capital mineira para Belo Horizonte acabaram criando uma nova área de investimentos.

## 3- Das muitas Minas Gerais, buscando Caminhos Novos...

Os contos nos falam de diferentes Minas, de diferentes Gerais.

Das Minas Barrocas de São João Del Rei, Tiradentes, Diamantina...

Das Minas do Jequitinhonha, do "Velho Chico"...

Das Minas do Cerrado...

Das Minas em busca da Modernidade, das grandes cidades...

Das Minas das pequenas vilas, povoados...

Das várias Minas, presentes nas falas de nossas entrevistadas:

> Eu nasci numa cidadezinha pequena da Zona da Mata que se chama Mar de Espanha. (Hilda)
>
> (...) lá em Piau (...). (Edna)
> Eu sou de um lugar perto de Diamantina. (Vicentina)

Contos que nos falam de lugares de onde partiram em busca de outros caminhos...

> O meu pai veio para Juiz de Fora em busca de uma melhor condição de vida. (Ana)
>
> ... então o Benedito de Carvalho (Delegado de Ensino) falou assim: "D. Edna, a senhora não pode ficar só com o Normal. A senhora tem que estudar mais! Tem que vir pra cá!" Ele me entusiasmou muito a vir pra Juiz de Fora. Então eu vim e comecei a estudar para o vestibular de pedagogia. (Edna)
>
> (...) de repente uma moça assim do interior, criada numa fazenda, aqueles princípios religiosos, o meu pai sempre foi muito católico, toda a tarde a gente tinha que reunir para rezar o terço. 6 horas da tarde e isso na fazenda a gente fazia, muito aquele regime de família tradicional mineira, aquela coisa, com tios sacerdotes, irmãos estudando para padre, até tive um irmão que chegou a ser padre, isso tudo, então de repente eu saí para minha vida de morar sozinha, de enfrentar minha vida assim numa época em que era absurdo um moça morar sozinha. E eu morei sozinha e em Juiz de Fora, comprei meu apartamento trabalhando (...) ( Vicentina)
>
> (...) o papai era a favor de Washington Luís, era contra o Getúlio Vargas. Então houve a revolução lá em Mar de Espanha também, o chefe político contrário, mandou prender o papai (...) Então meu pai ficou amargurado com isso (...) e então ele falou: vocês vão pra Juiz de Fora. ( Hilda)

As situações presentes nas vozes de Vicentina, Hilda e Ana revelam o desejo de buscar num novo espaço, diferente daqueles de sua origem, melhores condições de vida. Suas falas desvelam a esperança de outros rumos, que segundo a fantasia ou a realidade, parecem possíveis de se encontrar na cidade, reafirmando o seu caráter de "novo", "diferente", construído ao longo de sua história.

As relações sócio-econômicas-culturais que foram estabelecendo-se na região, estruturaram uma hierarquia urbana fazendo de Juiz de Fora um centro de influência para as cidades vizinhas. Sua organização, porém, divergia da adotada em outras cidades onde predominava o estilo barroco, clássico da cultura mineira. Desde sua origem, Juiz de Fora manteve estreita ligação com o Rio de Janeiro, ligação essa que não se perdeu no seu transcurso histórico sempre marcado pelas influências da antiga capital nacional. O Rio de Janeiro era a referência cultural, que deveria ser seguida e não o modelo existente em Ouro Preto, São João Del Rei, Mariana.

Além disso, o desenvolvimento industrial, veio acompanhado de um processo de modernização. Tudo isso criou condições para um espaço mais "aberto", tornando a cidade um centro de imigração para onde convergiam diferentes pessoas e interesses. Se as cidades renascentistas cresceram e se desenvolveram na Europa a partir de um movimento migratório resultante da busca de novas possibilidades de vida fora da estrutura medieval, Juiz de Fora apresentava a mesma proposta de fuga do barroco mineiro. A cidade, que ergueu-se a partir da construção de Novos Caminhos ou Novas Estradas, passou a receber pessoas em busca de Caminhos Novos.

O que acontece com as pessoas que deixam seus espaços de origem e mudam para outros? Perdem seu passado?

Essa questão tem um duplo sentido, não se "perde" o espaço apenas nos deslocamentos, nas migrações, mas perde-se também no passado da história. As duas perdas encontram-se com a angústia humana, mas de forma diferenciada. A primeira perda ainda possibilita um certo controle, pois existe sempre a possibilidade de se retornar a ele, mas a segunda, escapa de nós, "escorre entre os dedos" e possibilita apenas um retorno de ficção. De ficção porque nunca mais vivenciaremos aquele espaço como naquele momento, sentido sempre a partir de um tempo presente:

> Eu sou de um lugar perto de Diamantina, que se chama Itamarandiba, antigamente falavam quer era uma cidade que nem tinha no mapa,

mas hoje está evoluída, tem tudo. Então eu sou de lá, o papai era fazendeiro. (Vicentina)

Minha infância em Mar de Espanha foi muito boa, muito alegre, porque cidadezinha pequena é outra coisa, para educação das crianças. (...) De maneira que foi uma infância muito alegre. (Hilda)

Modernidade, barroco, grandes centros, vilas... seja o que for, o espaço urbano acaba por fazer parte de nós, seja antigo ou novo. E o concreto erguido nas cidades perde a forma concreta que o originou, para tornar-se abstrato no interior dos sujeitos urbanos. Erguem-se imagens que, paradoxalmente, tornam-se mais reais que o próprio exterior.

Por ser a maior expressão da construção humana, a cidade possibilita a percepção real de nossa história. Cada pedaço do espaço urbano, está carregado de significado, entrecruzando tempo e pessoas. É um símbolo de seu/nosso passado, uma expressão de seu/nosso presente contendo projeções de seu/nosso futuro. É memória, desejo, sentimento.

(...) e a gente ia passear aos domingos no Morro do Cristo (...) subia o caminho (...) aquele caminhozinho assim apertado, íngreme, aí chegava lá em cima, então ele falava: só não pode debruçar, aqui vocês vão ampliar toda a cidade, vocês vão ver a cidade todinha por todos os cantinhos, ver como ela está abrindo. Ele era muito religioso e minha mãe, também, falava: o símbolo de nós é o Cristo, que é o Cristo Redentor abençoando a cidade lá embaixo. (Eunice)

(...) acho que foi a inauguração da pracinha, em frente à Matriz, que ali era aquele calçamento de pedras grandes, tipo Tiradentes, que até tiraram aquilo, fiquei muito triste, eu gostava da cidade como ela era (...) (Edna)

Os prédios, ruas, praças, esquinas dão um ritmo à vida, possibilitam o devaneio humano.

*Através deles se produzem e se mantêm a memória. Os espaços costumam ser mais eficientes nesse sentido do que livros, álbuns de fotografia e até filmes. As pessoas que conseguem distinguir a cara do lugar onde vivem e lembrar como era e como evoluiu e chegou a ser o que é, sentem-se mais seguras, têm uma sensação mais forte de serem dali (Santos, p.53).*

## 4- Mas, afinal, de onde elas contam suas Histórias?

Aqui das Minas Gerais. As nossas entrevistadas têm algo mais em comum do que o fato de serem professoras, todas elas viveram - se não toda vida, uma boa parte dela - trabalharam e deram aulas num mesmo espaço. Espaço que serviu de união de diferentes pessoas, espaço de onde, hoje, contam suas experiências, suas histórias de vida, suas vivências, das quais nos valemos para montar o cenário e a narrativa, entrecruzando suas histórias com uma história mais ampla:

> (...) eu estou lembrando de tanta coisa que eu nem sabia que eu ainda lembrava. Está sendo ótimo recordar. (Edna)

É bem possível que essas professoras não tenham tomado consciência de que elas também construíram a nossa Geografia, a nossa História, o nosso espaço social e cultural.

Nós, pesquisadores, interessados em investigar a questão da leitura e da escrita na história de vida de nossos professores aposentados, adentramos na privacidade de seus lares, interferimos no cotidiano de suas vidas, modificamos o roteiro de seus afazeres, invadindo o espaço alheio. Um espaço e um tempo que nos foram gentilmente cedidos e reservados por pessoas que acreditaram na educação neste/deste país, se dedicaram a ela e continuam comprometidas e envolvidas com ela. Demonstraram isso claramente ao conceder-nos seu precioso tempo, ao possibilitar-nos conhecer suas ricas histórias, ao receber-nos com tamanha cordialidade. Característica muito peculiar aos mineiros, como é possível constatar ao ouvirmos Eunice dizer:

> (...) é o dia inteiro, vem gente atrás de mim, às vezes às 6h30min da manhã vindo aqui atrás de mim e eu nunca falei não, não falo! E eu sempre recebo e recebo alegre como se estivesse recebendo uma amiga.

... E abriram a nós as portas de suas casas. Casas atuais, casas antigas, casas grandes, casas de fazenda... E mergulharam conosco numa viagem ao túnel do tempo. Uma viagem para qual utilizamos além da memória outros meios de transporte.

Andamos de carro de boi:

> A minha professora era Maria Cortez, ela veio de Rio Novo (...), chegou na cidade de carro de boi, não tinha estrada naquele tempo. (Edna)

... pegamos também um bonde:

> (...) a gente vinha de bonde, naquele tempo tinha bonde, ele vinha até ali onde era a Cervejaria (Weiss) - foi um parque de família alemã. Então era aquela turma de menina daquela rua e algumas ainda hoje são vivas... vínhamos de bonde, era assim uma coisa engraçada. (Cristina)

... depois, entramos num trem:

> De lá eu vinha, vinha de trem, um trenzinho chamado Xangai, que ainda existe, descia ali, descia no grupo. As professoras que vinham no trem comigo... se o trem atrasasse dois minutos, elas voltavam. Não tinham coragem de chegar no grupo sabe, era aquela disciplina, aquela coisa de horário, a diretora muito exigente. (Cristina)

Removendo a penumbra que encobre um passado distante, procuramos localizar o tempo e o espaço. Um espaço que foi ganhando corpo e forma ao nos ser revelado.

E nós pesquisadores? Ao buscarmos compreender uma história mediada, também invadimos espaços; ao entrarmos nas falas, nas histórias, pedíamos um "dar licença" (disfarçado pelo período de negociação). O que se passaria nesse momento em nós mesmos? Talvez a idéia de portas trancadas, delimitadas por paredes imaginárias que nos separavam do espaço mais interno daquelas pessoas e no qual queríamos penetrar... Isso não saberemos com certeza.

Talvez seja o segredo dos mineiros...

Um segredo que nós mineiros, apesar de querermos desvendar, para melhor compreender, também sabemos respeitar. Entretanto esse respeito não nos impediu de descortinar e remexer esse passado. Sim. Remexemos e reviramos, reviramos e encontramos. Encontramos respostas para as indagações que nos levaram até essas professoras e suas histórias, dando um significado especial ao nosso trabalho e, numa relação dialética, re-significando o próprio sentido de suas vidas. Pois nesse retorno ao passado, nossas entrevistadas tiveram a oportunidade de se (re)conhecerem mais e melhor, percebendo a importância de suas vivências, de suas experiências, conforme comenta Ana em suas observações:

> Essa conversa é uma volta ao passado (...) eu acho que o passado é importante na nossa vida porque ele serve de experiência. Então tudo que você já viveu serve como experiência para o dia de hoje.

Concordamos com Ana e acrescentamos que suas experiências tornaram-se para nós, pontos de referência. Valemo-nos também de outra constatação de Ana:

> Tudo isso foi como se eu estivesse vendo um filme mesmo! Foi interessante até porque a gente nunca pensa muito nisso:quando eu comecei a trabalhar... cada fase da vida... E cada fase da vida tem sua beleza, sua magia.

Podemos compreender tudo isso como sendo a montagem de uma história maior, de que Ana, Áurea, Cristina, Edna, Eunice, Hilda e Vicentina participaram como protagonistas, trabalhando num mesmo cenário, cada uma desempenhando seu papel, revelando a beleza e a magia de diferentes fases da vida, construindo e montando conosco e para nós a temática que sustentou o nosso trabalho de pesquisa.



## Referências Bibliográficas

BANDEIRA, Manuel. Pensando Juiz de Fora. *Cadernos Para o Professor.* SME: Juiz de Fora. n.2. 1993.

FREIRE, P. *Educação como Prática da Liberdade.* Paz e Terra: São Paulo, 1986.

GIROLETTI, D. *Industrialização de Juiz de Fora.* Juiz de Fora: EDUFJF, 1988.

GOMES, N. P.de M.. Universo Mítico no Discurso Cotidiano do Mineiro. In Anais da primeira semana do Instituto de Ciências Humanas e Letras. *Seminário: Populismo e Educação.* Juiz de Fora: EDUFJF, 1986.

GOODSON, I. *Studyng teacher's lives.* London: Routledge, 1992.

LESSA, J. *Juiz de Fora e seus pioneiros.* Juiz de Fora: EDUFJF, 1985.

OLIVEIRA, M. R. *Juiz de Fora, Vivendo a História.* Juiz de Fora: EDUFJF, 1994.

RIBEIRO, D. *O povo brasileiro.* São Paulo: Companhia das Letras, 1996.

SANTOS, C. N. F. dos. *A Cidade como um Jogo de Cartas.* Niterói: EDUFF, 1988.

# Leitura e escrita

# nas recordações de ant

*Pouco importa venha*
*a velhice. Que é a*
*velhice? Teus ombros*
*suportam o mundo.*
*E ele não pesa mais que*
*a mão de uma criança.*

Carlos Drumond
de Andrade

# s professoras

**Maria Teresa de Assunção Freitas**[11]

## 1 - Buscando no passado outras histórias de leitura e escrita

Analisando as histórias narradas pelas professoras, detenho-me de um modo especial no que se refere à leitura e à escrita, procurando responder às questões: Que relação estabeleceram com a leitura e a escrita ao longo de suas vidas ? Como as relações familiares na infância contribuíram, se é que contribuíram, para o estabelecimento de práticas de leitura e escrita? Que pessoas exerceram aí um papel significativo? Nos seus períodos de formação e, posteriormente, em sua prática profissional, como a escola funcionou no estabelecimento de práticas de leitura e escrita? Qual o espaço ocupado em sua vidas pela escrita e leitura?

---

[11] Professora da Faculdade de Educação da UFJF; Coordenadora do Programa de Pós Graduação em Educação da UFJF e do Grupo de Pesquisa Linguagem, Interação e Conhecimento (LIC) da FACED/UFJF.

Foram elas leitoras e escritoras e continuam a sê-lo hoje? Que fatores contextuais contribuíram para isso?

Quero compreender melhor o momento atual, o uso que é, hoje, feito pelos professores das atividades sociais de leitura e escrita. Uma vez que o professor deve ser o mediador do processo de construção das atividades de ler e escrever, como realizar uma mediação eficaz com seus alunos se ele mesmo não tem a experiência da leitura e escrita enraizada em sua vida, se ele não é um leitor e um escritor? Esta questão, direcionadora da primeira etapa desta pesquisa, procurou nos relatos feitos pelas professoras em exercício na rede pública de ensino fundamental de Juiz de Fora, o espaço ocupado pela leitura e escrita em suas vidas. Foi constatado que em sua infância e adolescência o interesse e o contato com os livros e com a arte de escrever muitas vezes encontrou apoio em seus ambientes familiares. A escola, ao propor uma leitura e escrita da e para a escola, artificial, mecânica, distante da realidade, castrou este gosto iniciado não contribuindo, na maioria das vezes, para constituí-las enquanto leitoras e escritoras. A vida profissional agitada, acumulando a rotina de dona de casa e de mãe a uma dupla jornada de trabalho, motivada pela necessidade econômica não suprida pelos baixos salários recebidos, não tem facilitado as práticas de leitura e escrita. As professoras entrevistadas nessa primeira fase, afirmaram não terem tempo para ler, divididas entre atividades profissionais acumuladas em dois ou até três horários, sem disponibilidade financeira para a compra de revistas, jornais e livros. Quando muito, algumas se limitam a uma leitura semanal de jornais, à leitura da revista "Nova Escola" e de alguns livros pedagógicos que o trabalho lhes exige. A escrita perdida em seus primeiros anseios refugia-se hoje nos planos de aula e nos relatórios enviados às secretarias.

Diante dessa situação, querendo compreender o presente, fui em busca de um passado que me trouxesse algumas explicações. Será que sempre foi assim? O que acontece na escola de hoje acontecia também na de ontem? Antigas professoras teriam sido leitoras e escritoras? Portanto, o interesse pelas narrativas de professoras aposentadas sobre a leitura e a escrita está ligado a essa busca de melhor compreender o presente: *"o passado não é o antecedente do presente, é a sua fonte"* (Bosi, 1979, p. 48).

Para aflorar o passado, é preciso puxar o fio da memória das professoras aposentadas. Memória que vai construindo um novo conhecimento sobre o mundo da leitura e escrita ao mesmo tempo em que vai fazendo com que cada narradora se encontre consigo mesma. Todo esse processo de recordação é construtivo e tem uma função social na medida em que, de acordo com Bosi (1979), ele é também constituidor de uma história coletiva, de uma sociedade e da cultura de um povo. Memória que é em si mesma social, porque ela é constituída a partir dos encontros que a vida proporciona, das pessoas com quem se interage. As professoras entrevistadas, pelo fio da memória, refazem o percurso de suas vidas, reconstruindo-as diante do interlocutor que se dispõe a ouvi-las. Em suas narrativas vão emergindo lugares, fatos, pessoas e, junto com sua história individual, vai sendo contada também a história de sua cidade e de seu país. Aqui bem se aplica a citação de Shotter em Ben-Peretz (1992):

> *Recordar a prática quotidiana não é apenas uma questão de recordar factos, conscientemente, mas uma questão de 'reviver' certos acontecimentos, ser capaz de os reordenar, dando nova forma a sentimentos, imaginando novas relações entre coisas bem conhecidas ou mundos completamente novos* (p.135).

Este mesmo autor afirma que a memória é seletiva e que a seleção tem origem nas atividades sociais da vida cotidiana. Assim, quando foi pedido às narradoras que contassem suas histórias de vida, situando nelas o espaço da leitura e da escrita, elas foram selecionando episódios lembrados a partir de suas experiências como professora. *"As recordações dos professores aposentados estão, segundo as palavras de Shotter, 'incorporadas' nas suas pessoas, como parte que são do contexto social de sua profissão"* (Ben Peretz, 1992, p.213).

## 2- Os primeiros encontros com a leitura e a escrita

À pergunta sobre qual o primeiro contato que tiveram com a leitura e escrita em suas histórias de vida, as professoras vão longe em sua memória buscar lembranças da sala grande da fazenda, onde a família se reunia em torno da leitura de jornais e cartas, ou trazem para o presente a antiga sala de uma casa de cidadezinha do interior, onde os livros comprados no Rio, pelos pais, e depositados nas estantes, estimulavam a curiosidade dos filhos. São também evocados um escritório paterno cheio de livros, a família letrada dos tios que moravam numa outra cidade, os livros que chegavam pelas mãos das professoras amigas da mãe.

Assim, Eunice vai se lembrando de sua infância na fazenda de café, que o pai adquirira perto da cidade de Ibitinga no estado de São Paulo. A mudança aconteceu no final da primeira década do novo século, quando Eunice ainda era criança. Seu pai resolvera fazer novos investimentos, comprando a fazenda no estado de São Paulo, pois a produção cafeeira que tivera o seu auge na Zona da Mata no final do século XX, entrara em decadência no início dos anos 20 (Oliveira, 1994). E Eunice vai narrando aquele tempo, falando dos encontros familiares em torno da leitura e da escrita.

> Eunice: Nós deixamos todo o grosso da família em Juiz de Fora. Então havia uma correspondência entre os daqui e os de lá, inclusive os filhos dos meus irmãos mais velhos que já haviam casado e continuavam morando aqui. Eles escreviam e perguntavam como nós íamos de escola. Nós não sabíamos ler ainda correntemente, meu pai lia, minha mãe lia. Sem pensar que nós estávamos fazendo isso, então nós estávamos mostrando que a leitura ia nos valer de comunicação. A leitura como um aprendizado, como comunicação, porque ali iam as notícias de tudo, contava tudo, o doente, o fulano fez isso, o fulano ganhou esse prêmio, ganhou isso, veio o circo, vimos os palhaços. Então nós idealizávamos o palhaço, como era o palhaço, a vivência do circo (...). Quando nós fomos em Ibitinga, no primeiro circo, nós deliramos em ver o palhaço "in loco".

É interessante perceber como o conhecimento vai se formando numa relação interpessoal, estando presente a mediação do outro. De acordo com Vygotsky (1991), o homem não tem um acesso direto aos objetos, mas um acesso mediado. O conceito de mediação supõe a capacidade de representação mental, isto é, de simbolizar representando objetos, situações e eventos do mundo real em seu universo psicológico. Essa capacidade de lidar com representações que substituem o real é que possibilita ao ser humano fazer relações mentais na ausência dos recortes concretos, imaginando coisas não vivenciadas. A mediação não remete apenas aos processos de representação mental, mas também indica que os sistemas simbólicos, que se interpõem entre o sujeito o objeto do conhecimento, têm origem social. Portanto, é a cultura que acaba oferecendo ao indivíduo os sistemas simbólicos de representação da realidade e por meio deles o universo de significações que permite construir uma ordenação e interpretação dos dados do mundo real (Oliveira, 1992).

São os dados da experiência de um mundo cultural, passados por meio da escrita das cartas para a vivência cotidiana de Eunice, que permitem que ela imagine o circo, o palhaço, sonhe com eles até que possa de fato realizar um contato real. Vê-se aí, de acordo com Vygotsky (1991), a importância da palavra como o meio de condução das operações mentais.

E Eunice continua falando daquelas reuniões familiares onde se fazia presente a leitura de jornais e cartas.

> Eunice: Eles mandavam, inclusive, os jornais da época. Então as irmãs mais velhas elas liam para nós e elas falavam: aqui é o meio de comunicação, é a escrita. A escrita está mandando notícias de lá Contavam os fatos que aconteciam na cidade, de pessoas que faleceram, pessoas que nasceram, pessoas que mudaram, aquela vida de família que acontece em todo lugar. Então nós sabíamos de tudo. Nós começamos a aprender ali que a escrita anexada à leitura ela nos dava a possibilidade da gente se transmitir porque as pessoas não podem morar numa ilha ou povoado todos juntos. Então a gente foi criando aquele conceito de participação pela leitura e pela escrita que a gente via, lia ali. E pela leitura das cartas a gente aprendia a ouvir os sons, a coordenar as palavras.

Era a leitura e escrita aprendidas em sua funcionalidade, em seus usos. As cartas escritas e lidas traziam para a fazenda a família distante, as notícias de uma Juiz de Fora que ficara para trás. A leitura que estimulava a imaginação, falando de uma realidade ainda não vivida, que trazia novos conhecimentos e a vontade de aprender. Percebe-se aí a formação dos conceitos espontâneos a que se refere Vygotsky (1991). Para ele os conceitos espontâneos desenvolvem-se no contexto das experiências cotidianas da criança, com sua rica imediaticidade de significados. Chartier (1996) comenta que muitas crianças aprendem em suas famílias que os escritos existem, que os adultos os utilizam e isso desenvolve a sua curiosidade pelos sinais gráficos e pelas mensagens neles contidas. Para que isto aconteça é preciso que os adultos mostrem que estão lendo e escrevendo, que as crianças entrem em contato direto com a leitura e a escrita. Assim, a vida cotidiana pode proporcionar situações bastante oportunas para estimular a curiosidade dos futuros pequenos leitores. Dessa forma, o ambiente familiar de Eunice estava lhe proporcionando a oportunidade de estabelecer esse contato concreto com a escrita e a leitura, construindo conceitos espontâneos, que mais tarde lhe seriam muito úteis na escola. Isso se evidencia também nos relatos de outras professoras como Hilda que, na mesma época, relembra sua infância na casa de Mar de Espanha.

> Hilda: Meus pais iam muito ao Rio e então minha mãe trazia livros para nós. Um dia eu perguntei:- mamãe como a senhora conseguia comprar livros assim de... (nós éramos de várias idades). Ela disse assim:- era muito fácil, eu chegava numa livraria e pedia:- eu quero livros para crianças de oito anos, para crianças de dez anos, de doze anos... Nós tínhamos uma bibliotequinha lá em casa, era particular mesmo. Toda a família adora a leitura, todos gostam.

Crianças do início do século, que tinham contato com livros, estimuladas pela família. Famílias onde a leitura era pretexto de reunião e o livro, o jornal, a carta traziam as notícias, falavam de um mundo desconhecido. Mundo que, naquele momento, sofria o impacto da Primeira Guerra Mundial, da Revolução Russa e do crack da bolsa de Nova York. Acontecimentos mundiais que tiveram reflexo também em nosso país que, por sua vez, enfrentava problemas políticos como Movimento Tenentista, ao lado do velho problema das oligarquias dos senhores de terra, evidenciado pela política do café-com-leite, em que paulistas e mineiros se alternavam no poder. Talvez fossem essas as notícias trazidas nos jornais da época, ao lado de outras notícias mais regionais, provincianas, familiares até. Era através dos jornais que a luta política e a crítica literária se expressavam, bem como a crônica da cidade.

Enquanto isso, o mundo do livro era impulsionado pela abertura de livrarias importantes nas grandes cidades brasileiras e as editoras aumentavam suas publicações. A abertura da editora Melhoramentos, no Rio, em 1915, inaugurada com a publicação do livro "O Patinho Feio", foi importante na divulgação de um tipo de literatura infantil. A editora de Monteiro Lobato, criada em 1919, também possibilitou uma grande divulgação de livros infantis, principalmente dos deste autor. Daí o Rio ser um centro de referência onde as famílias de cidades da Zona da Mata de Minas iam se abastecer de livros. Na entrada do século XX, de acordo com Paixão (1996), já se podia comprar um bom livro no Rio de Janeiro. Algumas firmas francesas em expansão se estabeleciam com suas filiais na rua do Ouvidor e os primeiros livreiros-editores se aventuravam neste negócio. Até 1918, havia, no Brasil, 30 livrarias concentradas nas capitais. A proximidade da região de Juiz de Fora com o Rio facilitava esse contato com as livrarias. O setor livreiro abastecia, assim, uma elite de consumidores cultos e endinheirados. Enquanto os filhos destas famílias tinham um ambiente estimulador do gosto pela leitura, o Brasil contava com a alarmante cifra de 84% de analfabetos.

A leitura, como um bem cultural, era vista como importante nas famílias mineiras da época e percebia-se já uma preocupação, embora mais na esfera particular do que no âmbito do Estado, com a situação dos analfabetos, pelo menos com aqueles mais próximos. E Eunice rememora aquela noite em que os pais chamaram os filhos para uma reunião informal na sala da fazenda.

> Eunice: O pai disse: hoje nós temos uma conversa muito séria. Nós temos vários empregados que não sabem ler nem escrever. Então o papai fez o seguinte: mandou que os rapazes cuidassem dos velhos que preci-

savam aprender a escrever e das famílias deles. As moças ficariam a cargo das minhas irmãs e eu entrei nesse rol, as minhas irmãs mais novas também. Todas nós compartilhávamos desse trabalho com interesse porque quando uma empregada aprendia a ler havia uma festa.



Outras formas de convívio com a leitura e escrita, que contribuíram para a formação de conceitos espontâneos, são lembradas por Cristina, Edna e Vicentina. Faltando-lhe em casa um ambiente propício à leitura, Cristina o descobre entre os tios nos seus momentos de férias.

> Cristina: Deve ter sido quando eu era criança, quando ia passar férias na casa dos meus tios. Lá todos falavam corretamente. As minhas primas tinham professores em casa, uma letra bonita... À noite eles reuniam numa mesa comprida e conversavam muito bem, me corrigiam. Às vezes eu ia preocupada para lá, com medo... mas eu tinha uma verdadeira admiração por eles. Eu tenho a impressão de que eu sempre gostei de ler e escrever... deve ter sido alguma coisa que saiu dali.

Edna fala da mãe professora e de seu contato com os livros através da convivência com as professoras que vinham de outras cidades para a pequena localidade do interior de Minas.

> Edna: Na minha infância..... todo livrinho que aparecia eu estava com ele na mão, porque minha mãe era professora e eu convivia muito com as professoras porque lá em Piau tinha uma casa onde se hospedavam as professoras que vinham de fora. Dona Leonor, minha primeira professora, morou lá muito tempo, minha mãe também, então era aquele grupo mais intelectual que eu convivia e eles sempre tinham livrinhos.

Vicentina visita com admiração e saudade o escritório do pai, lugar mágico onde descobria o mundo.

> Vicentina: O meu pai tinha um escritório... ele era um homem que só ficava fechado dentro do escritório lendo, fazendo aquelas contas dele. Ele só tinha a quarta série. Mas ele fazia contas de quilômetros assim... Era um homem que vivia sempre trancado, tinha muito livro, muito jornal, muita coisa, eu gostava de ir lá dentro, achava bonito ficar dentro daquele escritório, achava importante, sabe, como criança e ficava lá vendo aqueles livros dele e com isso... eram livros assim de Tesouro da Juventude. Eu achava aquelas histórias fantásticas do Tesouro da Juventude. Nossa! Eu achava aquilo lindo! Ficava manuseando aquilo, olhava, olhava, olhava, então quando eu vi já estava lendo...

Todos estes relatos mostram como o meio familiar e cultural foi importante na formação do conceito espontâneo de leitura, como ele contribuiu para a formação das futuras leitoras.

## 3- Recordando a alfabetização

E a memória vai trazendo para o presente outras lembranças... Lembranças do tempo de escola, do início da alfabetização. Revendo as narrativas das professoras sobre sua alfabetização vejo que duas delas já chegaram à escola alfabetizadas: Eunice e Vicentina.

> Eunice: Eu comecei a estudar com 8 anos. Nós já nos havíamos mudado da fazenda e morávamos na cidade de Ibitinga, porque lá havia grupos escolares (...) Papai comprou uma casa grandona e nós morávamos em frente ao grupo escolar. Eu já sabia bastante coisa, já trouxe os aprendizados que minhas irmãs transmitiam. Já cheguei na escola alfabetizada. Estudei lá até a quarta série e depois voltamos para Juiz de Fora.

> Vicentina: Eu não fiz a primeira série. Eu entrei na segunda série direto porque eu me alfabetizei sozinha. Então quando eu entrei para escola eu já era alfabetizada e aprendi assim lendo os livros, os jornais do escritório do papai. Quando cheguei, a inspetora fez uns exames e aí eu fui fazer o segundo ano.

As outras, não alfabetizadas, como ingressaram no mundo da leitura e da escrita? Elas se lembram até hoje, apesar das idades, da primeira professora e do método de alfabetização. Em seus relatos aparecem a velha cartilha, o método fônico, o analítico e o global. Vão sendo trazidas para o presente frases das cartilhas, histórias dos cartazes do método global. A maior parte delas fez o primário distante de Juiz de Fora em escolas públicas de Ibitinga, Mar de Espanha, Piau, Diamantina. Uma delas fez apenas a 1ª série no estado de São Paulo, continuando o primário em Juiz de Fora. Apenas Ana fez o primário numa escola particular de Juiz de Fora.

Hilda conta sobre a Escola Estadual do início do século onde se alfabetizou.

> Hilda: Entrei para a primeira série com sete anos completos... Foi em 1916. Fiz todo o primário em Mar de Espanha no grupo Escolar Estevão Pinto. Eu não sabia ler. Lá não havia o pré-primário. Interessante, eu me lembro bem de meu pai dizendo: -Ah! Mas ela já sabe ler? Dois meses depois que entrei na escola já estava lendo. Aprendi a ler pelo método analítico global. Eu me lembro muito do meu primeiro ano primário porque a minha professora que eu achava um encanto, era uma paulista, D. Irene e ela usava a Cartilha Analítica de Paulo. Começava assim: "Eu vejo um menino. Este menino é o Paulo. Paulo tem uma bola. Vocês estão vendo a bola? A Bola é azul." Era a primeira aula. E a cartilha analítica tinha a parte toda de alfabetização e depois a parte de leitura intermediária. Umas histórias muito interessantes. Eu adorei...Eu não sei se foi porque eu tinha tanta ânsia de querer ler... (...)

A professora fazia muita interpretação conosco (...) Todos nós tínhamos cadernos de caligrafia e era concomitante a leitura e a escrita. Eu me lembro do primeiro cartaz de Paulo que a professora mandava ler de cima para baixo e de baixo para cima. Depois sorteava fichas com sentenças para ver se a gente realmente podia jogar com sentença e começava a escrever também.

Cristina: eu me lembro é de ter aprendido como era usado na época, por silabação em cartilha: "vovó viu a ave".

Na obra "Momentos do Livro no Brasil" (1996) , tem-se notícia da edição da Nova Cartilha - Ensino rápido de leitura, do Prof. Mariano de Oliveira que chegou a atingir 2.228 edições com mais de 6 milhões de exemplares e também da Cartilha da Infância de Thomas Galhardo editada pela Livraria Francisco Alves nos anos 20 e cujas 300 edições se estenderam até os anos 80. Estas podem ter sido as cartilhas a que as entrevistadas se referem ao rememorarem seu processo de alfabetização.

Edna: Eu iniciei com 7 anos a alfabetização. A minha professora era Maria Cortês, ela veio de Rio Novo, chegou na cidade de carro de boi, porque não tinha estrada naquele tempo. (...) Nós estudávamos na Cartilha Amigos da Infância. Lembro-me do nome e era o método fônico. A gente estudava os fonemas primeiro, depois o som deles, depois discriminá-los, identificá-los, formar as palavras. Tinha uma historinha na cartilha também. Eu não tive dificuldade, acho que a minha classe não teve dificuldade não. Para a época ela era uma boa professora e professora sendo boa e dominando o método alfabetiza mesmo!

Aninha: Eu aprendi a ler muito rápido. Tive uma professora muito boa. Eu lembro dela, minha primeira professora: Dona Luíza. Num instantinho eu aprendi com aquele método que, não tinha nada demais em se tratando de escola particular, assim, cartazes, nada. Era tudo mesmo através do livro.

É interessante que esta professora, a mais nova do grupo, não identifica seu método de alfabetização, falando que o processo se realizava a partir do livro sem entrar em maiores explicações. Parece que ela quis acentuar uma certa diferença entre escola pública e particular mostrando que na época (1950) o ensino de maior qualidade, com mais recursos acontecia na escola pública. A escola particular que frequentou não trabalhou com cartazes, não possuía um material mais rico. Confrontando essa constatação com os relatos das professoras, que atuaram nos Grupos Escolares Estaduais a partir da década de 30 até os anos 60, percebo que realmente as escolas eram muito bem equipadas, tanto em relação ao material didático quanto à equipe escolar. Cada grupo escolar contava, além do corpo docente específico, com professores especializados para canto, ginástica, trabalhos manuais, havendo também na escola médicos, dentistas e enfermeiras. Enfim, em suas lembranças, vão se sucedendo os métodos que, partindo das sílabas, palavras, frases ou textos procuravam fazer delas crianças alfabetizadas.

## 4- A leitura e a escrita na infância: o ingresso no universo dos textos

As professoras entrevistadas lembram também dos momentos em que já estando alfabetizadas, podiam gozar da deliciosa aventura de conviver com o mundo dos livros e se embrenhar pelos meandros da escrita com os seus próprios recursos. Voltando no tempo, à sua infância, as professoras vão contando suas histórias de leitura e escrita.

No tempo em que viveram a sua infância, as solicitações do ambiente eram bem menores, a televisão ainda não existia, o cinema estava nos seus primórdios, as informações eram mais lentas e demoradas, a comunicação entre os diversos lugares muito restrita. Assim, o livro era o veículo dessa informação, o estímulo à imaginação, ocupando um lugar de mais destaque. O mercado editorial começava a investir justamente nessa faixa etária. No inicio do século, a Editora Universal publica uma série de livros infantis como as "As viagens de Gulliver", "Contos Seletos das mil e uma noites" e "Aventuras pasmosas do celebérrimo Barão de Münchausen". Também as Editoras Melhoramentos e Monteiro Lobato investem no setor como já foi dito. Mas, é preciso deixar que as professoras, voltando ao seu tempo de criança, possam contar suas experiências de leitura. E Hilda vai tirando da estante os livros lidos:

> Hilda: Tinha um que eu adorava, que eu não sei agora quem era o autor, que se chamava Infâncias Célebres. Era sobre a infância de poetas, de pintores... contava trechos interessantes da vida deles. Tinha outro que chamava "Contos da Carochinha" e o "Contos do Arco da Velha". Tinha também "Os contos de Andersen", "Os irmãos Grimm..." e a escola sugeria que os alunos tivessem sua bibliotecazinha, e nós tínhamos em casa...

Havia no final do século XIX um livreiro, Pedro Quaresma, que no Rio se dedicou à publicação de livros baratos de apelo popular e que acabou revolucionando a edição de livros infantis. Numa época em que havia poucos livros no gênero, todos feitos em Portugal, ele lançou uma coleção: "Contos da Carochinha", "Histórias da Avózinha", "Histórias do Arco da Velha", com textos escritos em português do Brasil, uma inovação que lhe garantiu o monopólio da venda de livros infantis da época. Não surpreende, pois, que estes livros são os lembrados por uma criança que viveu sua infância de 1910 a 1920.

E Hilda vai lembrando do ambiente de leitura em casa onde ela e todos os irmãos eram muito curiosos em relação aos livros. Lembra de brincadeiras cujo principal instrumento era o livro.

> Hilda: Tinha uma brincadeira de criança entre eu e meu irmão que é uma ano maior do que eu... nós fazíamos um jogo assim: decorar páginas do dicionário. Depois, um perguntava ao outro, o significado das palavras para ver se a gente tinha aprendido realmente. Com isso o vocabulário da gente aumentou demais. Era o melhor jogo para nós: era o jogo do dicionário. Era mesmo uma disputa. A gente se sentia realizada quando perguntava uma palavra que o outro não sabia. Nós marcávamos as páginas e aí agente estudava mesmo. Eu passava o dia inteiro com o dicionário na mão estudando.

Numa época, em que não havia uma indústria de brinquedos forte, um mercado que oferecesse uma oportunidade de escolha de muitos jogos infantis, em que nem o vídeogame estava presente, nem o computador com seus jogos, as crianças conseguiam imaginar, transformar um dicionário em brincadeira, em jogo competitivo. Usando sua memória, estas crianças brincavam de palavras, palavras que iam enriquecendo seu mundo, aumentando seus conhecimentos, desenvolvendo sua linguagem. Experiência bem diferente da vivida anos depois por Edna que, na sua cidadezinha, também descobriu o dicionário, mas que uma escola distante da realidade da criança não soube aproveitar.

> Edna: Lembro de um episódio que aconteceu quando eu estava na quarta série. Eu descobri um dicionário na minha casa e aprendi a olhar as palavras, então eu levei para a escola porque eu acho que as minhas colegas nunca tinham visto um dicionário, e eu estava assim ensinando para as meninas como descobrir os sinônimos das palavras e a professora me chamou a atenção e mandou eu fechar o dicionário. Eu fiquei tão magoada porque eu estava achando lindo o dicionário, e foi uma descoberta minha e eu fiquei inibida, eu hoje olho para ela e fico pensando neste incidente que houve... (...) Eu fiquei decepcionada aquele dia.

A decepção daquele dia não ficou esquecida e hoje a memória seletiva a traz para o presente. Foi algo que marcou, mas não trouxe uma consequência maior que possa ter gerado uma reação negativa aos livros. Entretanto, o fato lembrado sugere que, muitas vezes, em nome de uma disciplina e ordem, muitas portas podem estar sendo fechadas, não só a daquele dicionário. Os professores precisam estar atentos porque seu ofício não é o de fechar portas e sim abri-las ou aproveitar as abertas para incursões inimagináveis no universo dos textos.

E os livros infantis vão se sucedendo na memória das professoras e alguns títulos vão se superpondo nas diversas épocas: "Irmãos Grimm", "Contos da Carochinha", "Histórias do Arco da Velha". Edna, lembrando dos livros lidos em sua infância entre os anos 30 e 40, fala com entusiasmo nas histórias de Monteiro Lobato.

> Edna: Lembro do Monteiro Lobato porque a gente viajava, a imaginação da gente ia longe.

Monteiro Lobato, além da grande contribuição que deu à Literatura Infantil, teve um papel decisivo no mercado editorial, tendo surgido na década de 20 como um dos editores mais ousados que o país já teve. Criou a Monteiro Lobato e Cia e mais tarde a Companhia Editora Nacional que dominou o mercado do livro no Brasil por várias décadas, chegando, nos anos 40, a ajudar a fundar a editora Brasiliense. Por isso, foi um grande divulgador do livro no Brasil. Teve como grande preocupação a própria difusão e distribuição do livro, incentivando-lhe a venda em diversos estabelecimentos comerciais distintos de uma livraria, com o objetivo de fazer com que o livro chegasse às mãos de todos. Como escritor, ancorado nas idéias dos modernistas, procurava escrever sobre temas nacionais, despertando o país para sua própria realidade. Sua primeira incursão pela literatura infantil foi em 1920 com o livro "A menina do narizinho arrebitado". Realmente seus livros estimulavam a imaginação da criança brasileira, falando de sacis- pererês, e criando os personagens incríveis do Sítio do Pica-pau Amarelo, como Pedrinho e Narizinho, Emília: a boneca de pano, o Visconde de Sabugosa: boneco feito de um sabugo de milho, a cozinheira Tia Anastácia, dona Benta: a avó carinhosa. Realmente esses personagens e suas histórias levam até hoje os leitores a um mundo de fantasia maravilhoso. Monteiro Lobato acabou de fato realizando sua pretensão: *"Ainda acabo fazendo livros onde nossas crianças possam morar. Não ler e jogar fora; sim morar, como morei no Robson e no Os filhos do capitão Grant"* (Paixão, 1996, p. 54). Nos meados de 1940, as edições médias dos livros infantis de Lobato eram de 200 mil exemplares. Isto explica bem o interesse das crianças que nessa época viajavam em seu mundo fantástico.

Além de os editores investirem em livros infantis, descobrem como alternativa o livro didático. Editoras, na década de 20, como a Melhoramentos, a Companhia Editora Nacional e a Livraria Francisco Alves, ingressam e investem neste promissor filão. E isso é percebido nas narrativas que as professoras contam sobre os livros lidos nos anos de curso primário.

> Hilda: A professora fazia a gente se interessar pelas notícias de jornais, queria que agente lesse... (...) elas levavam jornal para a aula e então elas comentavam com a gente (...) livros também! E desses um que marcou profundamente foi "Contos Pátrios". Na terceira série nós líamos "Contos Pátrios (...) Cada um tinha o seu. Nessa época o governo dava os livros... Eram contos muito interessantes mesmo, falando sobre a vida no Brasil, mas de um modo muito agradável... tinha muita poesia. Eram escritos poéticos de escritores da época, era uma coletânea. Na 4.ª série era um livro que chamava "A Pátria Brasileira", confesso a vocês que eu não gostava muito dele. Os "Contos Pátrios" era muito melhor... muito mais agradável. "Pátria Brasileira" não tinha esse jeito... essa beleza, essa poesia como tinha o outro. O outro tinha verdadeiramente... por exemplo.. uma que eu nunca esqueci se chamava "A Fronteira" e começava assim: "Noite alta e morna"... nunca esqueci desse início. Agora, a "Pátria Brasileira" não, falava muito sobre o Brasil, mas de um modo mais didático (...) E eu acho que a leitura tem que ser entretenimento não apenas a parte didática... É por isso que eu não gostava da Pátria Brasileira (...) Eram todos livros de São Paulo, interessante, não tinha nenhum de Minas, nossos livros eram todos de São Paulo.

Esse comentário final a respeito da procedência dos livros, confirma-se, pois, com as dificuldades de importação. Na época da primeira Guerra Mundial, houve um fortalecimento da indústria brasileira, principalmente em São Paulo que, entre 1914 e 1920, chegou ao crescimento de 25% ao ano. Assim, o setor editorial foi também beneficiado, e São Paulo tornou-se o centro editorial da década. Em 1920, funcionavam na cidade umas vinte editoras com uma produção de duzentos títulos anuais e uma tiragem total de 1,9 milhões de exemplares (Paixão, 1996).

Cristina também vai se lembrando dos livros lidos em sua escola primária, já agora nos anos 30. Nessa época, com o fim da República Velha e o início do poder de Getúlio Vargas, após a Revolução de 30, muitas mudanças aconteceram. Getúlio, um presidente controvertido, foi considerado o pai dos pobres por ter instituído o salário mínimo, os sindicatos, a legislação trabalhista, mas também protegeu, com sua política, os interesses dos produtores de café, dos industriais, incentivando a produção e acelerando o crescimento econômico. Fortaleceu o Estado e atendeu a interesses de grupos conservadores, concedendo atenção também aos grupos de esquerda. Em meio a essas e outras contradições, acabou realizando uma reforma de ensino no país que beneficiou a indústria do livro, desenvolvendo a produção de livros didáticos e, a médio prazo, ampliando o público leitor. Não é à toa que Cristina se lembra de que ler e escrever, na época, era importante:

> Cristina: Foi naquela ocasião que surgiram a leis trabalhistas , os direitos dos trabalhadores, o salário mínimo. Aqueles que sabiam ler e escrever tiveram maior acesso.

E Cristina vai falando dos livros que surgem em suas lembranças:

> Cristina: Quando eu estava na segunda série... eu me lembro... era uma série de livros do mesmo autor... os personagens eram Elza, Violeta e o Ildeu. Eram os livros assim com umas leituras muito bonitas... atraíam muito as crianças, mas tinha também uns assim muito tristes... mas era uma literatura assim coisa muito bonita mesmo. A gente gostava muito de ler, quando chegava a hora da leitura, e tinha um horário assim separado para leitura, era costume os alunos se levantarem. A professora então falava: fulano de tal e ele se levantava e lia. Lia em voz alta, a professora acompanhando e os alunos todos em silêncio e ela ia corrigindo o vocabulário e depois passava ortografia.

Estranho ritual de leitura, onde o prazer pelo texto bonito é obscurecido pela formalidade do ensino de ortografia e vocabulário. O diálogo do leitor com o texto se desfaz, enquanto a leitura se transforma em um ato mecânico do qual se extrai o ensino de normas da língua. É a língua aprendida sob a forma de um sistema abstrato de normas e não em sua forma viva, de interação verbal, como propõe Bakhtin (1988).

Também na mesma época, Edna se recorda dos livros lidos em sua segunda série primária:

> Edna: [...] um dos livros chamava-se Saudade. Era a história de um menino do campo que os pais mudaram para a cidade e ele narrava ali as histórias da vida dele.

Cristina tem lembranças do grêmio literário no colégio. Para as sessões literárias, as alunas eram sorteadas para fazer discurso, recitar ou cantar, e isso as levava a lerem muito.

> Cristina: Tinha que ler também umas páginas literárias para gente nunca mais esquecer de tão bonitas, escolhida a dedo a melhor obra de um escritor (...) Tem uns livros que eu quase decorei. Numa ocasião recitei uma poesia chamada "A Leoa", não sei que autor. Era assim: uma moça andava pelas ruas de Florença com um bebezinho no colo e encontra com essa leoa.

"O Tesouro da Juventude", uma coleção semelhante a uma enciclopédia ilustrada, aparece como o livro lido na infância das duas entrevistadas mais novas. Vicentina e Ana, que viveram sua infância na década de 40, assim se expressam:

> Vicentina: Eu achava aquelas histórias fantásticas do Tesouro da Juventude. Nossa! Aquilo eu achava lindo!

Ana: Na infância a gente lia muito o Tesouro da Juventude.

O que os pequenos leitores estavam buscando nos livros era o estímulo à sua imaginação, as histórias contadas, a beleza do texto, a satisfação de sua curiosidade. E isso foi importante naquele momento. Os livros lidos na infância, em casa ou na escola, que atenderam a este apelo, tornaram-se significativos para suas leitoras porque até hoje permanecem em suas lembranças. Para Freire (1995) "só existe memorização quando há conhecimento e não o contrário. Não é o esforço de recitar mecanicamente o perfil que o professor faz do objeto que leva o educando a saber. Só se memoriza quando se sabe" (p.41). Segundo o autor, isso tem a ver com o problema da leitura e compreensão crítica do ato de ler. A leitura de um texto no sentido de uma memorização mecânica não se constitui em uma leitura real.

Entretanto, muitas vezes, o uso dos manuais de leitura em sala de aula transformam-se num exercício obrigatório penoso, num dever ritual do qual é expulso o prazer e que acaba por afastar o aluno do contato prazeroso com os outros livros.

Da leitura vão chegando à lembrança as experiências com a escrita, que são rememoradas, misturando cadernos de caligrafia com as canetas-tinteiro, que tornavam a tarefa difícil ainda mais complexa. De fato, o ingresso no mundo da escrita não se faz naturalmente como no desenvolvimento da linguagem falada. É necessário treino, atenção e esforços por parte do professor e do aluno. De acordo com Vygotsky (1991), isso, muitas vezes pode dificultar um ensino natural da escrita. Para ele, a escrita não pode ser imposta de fora, vinda das mãos do professor, mas, ao contrário deve se fundamentar nas necessidades das crianças. E as entrevistadas vão se lembrando daquela tarefa complicada que tornava-se ainda mais difícil por incluir pena e tinteiro.

> Hilda: Primeiro e segundo ano a gente usava muito mais era lápis mesmo. Agora, a caneta lambuzava as mãos.
>
> Cristina: A gente usava tinteiro, costumava entornar e fazia aquela bagunça.
>
> Edna: A gente tinha aqueles cadernos de caligrafia onde tinha que colocar as letras certinhas, era um treino, tinha que ser feito todo dia, era difícil, não tinha essas canetinhas esferográficas, a gente usava era caneta, uma pena que estragava à toa, o tinteiro que vivia entornando porque criança ... era difícil para a professora também, demorava muito... até distribuir os tinteiros, até a gente se organizar para escrever passava o tempo.

Os cadernos de caligrafia são lembrados pela maioria, que acrescenta o comentário de que estes de nada valeram, pois, a letra não se tornou mais bonita por isso. Era a prática mecânica da escrita desvinculada de sua funcionalidade real. É este o pensamento de Vygotsky ao se referir sobre o restrito lugar que a escrita ocupa na prática escolar: *"ensina-se as crianças a desenhar letras e construir palavras com elas, mas não se ensina a linguagem escrita. Enfatiza-se de tal forma a mecânica de ler o que está escrito que acaba-se obscurecendo a linguagem escrita como tal"*(Vygotsky, 1991, p.119). Percebe-se, pois, que as críticas de Vygotsky sobre o ensino da escrita, são ainda aplicáveis às escolas onde a escrita é ensinada como um conjunto de habilidades mecânicas e técnicas. Os professores que adotam essa abordagem de ensino, orientada para o produto, acabam focalizando os aspectos técnicos da escrita e prestam pouca atenção aos propósitos comunicativos de quem escreve (McLane, 1996). É o que se verifica nos relatos das professoras, quando falam das redações e composições feitas em sala de aula, dirigidas apenas a um leitor obrigatório, o professor, em que a escrita se reduzia a seguir determinadas regras do bem escrever. Às vezes isto era atenuado com competições, que tornavam os colegas leitores dos textos produzidos. As crianças, como a maioria dos escritores, precisam escrever para um interlocutor, para uma audiência interessada em ler o que escrevem.

Ligados à escrita, vão despontando os cadernos, que tinham na contracapa o Hino da Bandeira ou o Hino Nacional, cadernos comprados, ou feitos artesanalmente, com sobras de papel e grampeados ou alinhavados. Percebe-se aí nos hinos colocados no caderno um reflexo da época nacionalista de Getúlio Vargas, lembrada por Edna.

> Edna: A minha infância foi vivida na ditadura de Getúlio Vargas, aquele Estado Novo[...] então vivia cantando aqueles hinos nacionalitas. Eu gostava das aulas de canto, tinha aula de canto todo dia. Era Hino Nacional, Hino da Bandeira.

Outras recordações da escrita em sala de aula vão tomando corpo nos concursos de composições, nas redações corrigidas com lápis vermelho.

> Hilda: A gente tinha uma espécie de concurso onde as composições mais bonitas, a professora punha num cartaz para todo mundo ler. E nas sessõezinhas literárias, a gente lia as boas composições... Agora, a gente procurava melhorar o estilo. Neste ponto eu não era muito boa não. Eu era boa mesmo era na questão da redação sem erro. (...) a professora fazia a correção das redações em casa, com tinta vermelha sempre. E a gente ficava apaixonada quando vinha muitos traços ver-

melhos. E ali, então ela botava... ela corrigia a forma certa. A gente na aula e ela mandava ler como havia escrito e como deveria ser. Ela corrigia os erros também no quadro negro, que era daqueles quadros-negros grandes... então ela ia falando e corrigindo os erros.

Edna: A escrita, a gente começava pelas vogais, depois as consoantes, o alfabeto, depois os fonemas, as palavras, depois a gente passava para as frases, tudo cópia. Depois vinha o ditado.

Falas que denotam uma prática desvinculada das reais necessidades da criança, onde a escrita é ensinada como uma habilidade motora e não como uma atividade cultural complexa. Para Vygotsky (1991), a escrita deve ter significado para as crianças e deve ser incorporada a uma tarefa necessária e relevante para a vida. O que se depreende dos relatos é uma escrita ensinada em função da escola e não da realidade, como reprodução e não como interação, negando-se ao aluno o direito de sua palavra, de sua subjetividade. É o que Soares chama de "desaprendizagem" da escrita ao afirmar:

> *a insistência e persistência da escola em levar os alunos a usar a escrita com as funções que privilegia, insistência e persistência que têm, como principal instrumento, as condições de produção da escrita na escola e a avaliação desta escrita, são, na verdade, um processo de aprendizagem/desaprendizagem das funções da escrita: enquanto aprende a usar a escrita com as funções que a escola atribui a ela, e que a transforma numa interlocução artificial, a criança desaprende a escrita como situação de interlocução real (1988, p.8).*

Recordações de uma introdução no mundo da escrita que falam de uma escola que, na maioria das vezes, altera e limita as funções da escrita. Recordações que deixam a entrever uma escola que ensina a criança a escrever, mas não a dizer a sua palavra, a ser autora.

Outras lembranças relatadas falam, no entanto, de uma escrita significativa:

Vicentina: Eu tive uma professora de 2.ª a 4.ª série, uma única, ela seguia a turma. Era muito competente. A base que eu adquiri... eu acho que a base é tudo. Ela tinha um português clássico, bonito... o português dela era da gente admirar, sabe? A redação ela ensinava uma redação como ninguém e respeitava as suas idéias, dava liberdade de você escrever. Eu não sei se é por isso... dava liberdade de você falar dentro da sala de aula. Foi uma excelente professora: eu admiro muito essa pessoa.

Ao lado da escrita da escola, havia essa escrita mais livre, informal, que se evidenciava nos diários, nas anotações pessoais, nas cartas. Fora da escola a escrita era viva, tinha função e dava prazer.

Edna: A gente escrevia... rabiscava tudo, escrevia muito, escrevia no chão, na terra... escrevia o que vinha, frases sobre a natureza, fazia desenhos e escrevia embaixo alguma coisa, frases soltas. O que eu sentia eu escrevia... mas não era diário, eram momentos marcantes que eu registrava. Cartas, eu escrevia também... correspondia com minha tia... ela não ficou sempre em Piau não. Ela foi para Belo Horizonte, deu aula em Belo Horizonte e eu desde menina correspondia com ela.

Hilda: Dona Felicidade..., mas, oh! Que professora! Ela me marcou mesmo. Continuamos sempre a nos corresponder. Ela fez curso para a prefeitura do Rio, deixou o magistério de Minas, que ganhava uma miséria... Então ela recebia muitas cartas de meninas americanas e ela me mandavas as cartas com a tradução para eu responder. Por muito tempo eu me correspondi com essa menina sem conhecê-la. Eu escrevia em português, ela (a professora) traduzia para o inglês e ela mandava, quer dizer ela tinha esse objetivo de ajudar a gente a crescer.

E assim essas crianças iam se aventurando pelo mundo da leitura e da escrita, na escola e em casa, enquanto iam também se constituindo como sujeitos e se aproximando de um outro momento de suas vidas.

## 5- Leitura e escrita na juventude

Agora as entrevistadas falam de um tempo em que elas deixaram de ser crianças e se tornaram adolescentes, jovens com outros interesses. Em suas histórias, vão surgindo lembranças dos livros lidos às escondidas, do gosto pelo romance, dos fólhetins e da leitura chamada de formação ligada aos aspectos religiosos.

Hilda: Eu lia principalmente artigos de jornal que meu pai, quando lia os jornais, ele rabiscava com lápis vermelho aquele artigo que eu deveria ler... algum artigo de formação moral, de formação intelectual e nós líamos. (...) No colégio Stella, em Juiz de Fora nós líamos muitos livros de formação, livros religiosos também.

Eunice: Nós líamos livros de formação.

É interessante como havia uma certa preocupação das famílias com o que podia ser lido. Os livros de formação eram os aconselhados, enquanto os romances passavam quase por uma censura prévia dos pais, o que não impedia, no entanto, a burla, a luta pelo proibido que adquiria um gosto maior. E vemos nossas leitoras se refugiarem no quarto, lendo às escondidas aquilo que lhes era vedado.

Eunice: A mamãe não gostava que eu lesse romances sem que ela participasse antes. (...) mas a gente tem uma curiosidade muito grande pelo que é proibido. Todo mundo tem. Então existiam aqueles folhetins, os romances vinham em folhetins, como tem o capítulo da novela (...) Não tinha televisão porque a televisão é muito recente. Então eles vendiam aqueles folhetins por semana e a gente comprava (...) Eles vendiam de porta em porta. Então lá em casa quando eles iam vender a mamãe comprava um para nós todas. Ela falava assim: - olha eu vou ler um com o pai e se nós gostarmos nós vamos adquirir sim e vamos fazer propaganda (...) Então eles liam os folhetins, quatro ou cinco folhas, baratinhos e qualquer pessoa podia adquirir (...) A mamãe adquiria e a gente lia aquilo.

Era a emoção do romance fatiado. O folhetim, considerado um gênero menor, pai das novelas de rádio e telenovelas, foi sempre mal visto pela crítica literária. O seu conteúdo é cheio de encontros, desencontros, espichamentos atendendo a pedidos, entrelaçamentos entre ficção e realidade. Estes romances, contados em fatias, aguçavam a curiosidade do leitor que aguardava ansiosamente por cada capítulo, até o desfecho da história. Nos anos 14, época em que Eunice e suas irmãs se divertiam com as histórias folhetinescas, o folhetim estava vivendo sua terceira fase. Neste gênero, o herói é sempre apresentado como uma vítima que respeita as convenções sociais até o mais extremo sofrimento (Meyer, 1996).

Do folhetim, Eunice chega aos romances "proibidos":

Eunice: O que eu lia e era proibido eram os romances. (...) A gente estava lendo no quarto. A gente lia um pedacinho...nós dormíamos três no quarto: - Esse pedacinho está ótimo, então vamos ler e comentar? Então a gente comentava (...) Romeu e Julieta foi o primeiro romance que eu li. Adorei, chorei. A gente não se apegava à parte do suicídio ou morte, não, nós nos apegávamos ao amor, ao lado bom.

Essa preocupação com o lado bom, parece vir da própria censura, da importância que os pais davam aos aspectos formativos da leitura e talvez ao medo ou culpa de estar incorrendo numa leitura proibida. Isso fica evidente no comentário feito por Eunice:

Eunice: Conseguia os livros emprestados de moçoilas iguais à gente (...) Falava: - pai ganhei esse livro emprestado para ler e tem que entregar amanhã. - Vocês já leram alguma parte, tem alguma coisa que vocês acham que eu proibiria?- Não senhor, tem um namoro respeitoso, tem um amor muito grande, tem um carinho de duas famílias se juntando para formar a outra família que virá por certo.

Era isso que as moças da época buscavam encontrar nos livros lidos como entretenimento. Na sua escolha, no seu comentário, percebe-se o presumido do leitor diante do texto a ser lido, com toda uma pressão ideológica veiculada pela educação que recebiam. De acordo com Cunha (1993), o ato de ler pode ser capaz de engendrar uma identidade e um imaginário próprios de quem o realiza.

Parece que esse romantismo, essa busca de histórias açucaradas de amor, presente nas leitoras, acaba encontrando um campo fértil na leitura romântica de uma coleção que foi difundida na época: A Biblioteca das Moças. A Companhia Editora Nacional lançou, em 1929, essa coleção e chegou, até meados de 60, a publicar 176 títulos. A coleção compunha-se de romances sentimentais que, além de sintonizarem com a sensibilidade das leitoras, acabavam também por estimular os seus devaneios, contribuindo para a construção de uma imagem feminina frágil e sonhadora. Os autores mais conhecidos e difundidos eram M. Delly, (responsável por mais de 30 romances ) Elinor Glyn, Concordia Merrel, Berta Ruck.

Os romances da Biblioteca das Moças privilegiavam o amor como o sentimento todo-poderoso, que levava suas heroínas, sempre belas e puras, à busca do rico herdeiro com o qual depois de peripécias e desencontros acabavam se casando e sendo felizes para sempre. De acordo com Cunha (1993), as narrativas estavam impregnadas de valores católicos como a caridade, a renúncia, descrevendo ritos como novenas e missas. Tudo isso leva a entender porque estes livros faziam parte do acervo das bibliotecas de colégios femininos católicos.

Essa era a leitura presente na juventude de nossas entrevistadas.

> Cristina: Eu lia livros assim... tudo que caía na minha mão, mas eram livros bons (...) Naquele tempo... Lembrei agora de uma autora famosa, na época da juventude: M. Delly.(...) As moças liam muito esses livros.
>
> Ana: Eu lia demais! Tinha a biblioteca do colégio que nós pegávamos livros emprestados. Então eu era devoradora de livros. Nós líamos todos de M. Delly. (...) era bem água com açúcar mesmo! Mas assim para a época, prendia demais a atenção da gente. A gente achava o maior barato! Mas era um romance assim: não existia um beijo. Então ficava aquela coisa: o rapaz encantadíssimo, apaixonadíssimo pela moça mas mal se viam. Era por bilhetes, alguém que dava o recado. Eram uns encontros assim nos romances. Um contato direto era raríssimo. Líamos outros livros, mas os de M. Delly, era demais!

Cunha (1993), numa pesquisa com mulheres professoras das décadas de 40 a 60 em Florianópolis, pretendeu investigar, quais as suas representações específicas de mulher e professora, analisando os romances da Biblioteca das Moças e verificando como a literatura poderia engendrar uma identidade feminina própria nessas gerações. Analisando a coleção, verifica que sua popularidade fica evidente pelas constantes edições e pelas lembranças que trazem às antigas leitoras, assinalando que estes livros faziam parte das bibliotecas escolares destinadas à formação de professoras.

Ouvindo as narrativas das professoras aposentadas, também tais afirmações podem ser constatadas. A autora em questão, continuando sua análise, assinala que o ideal de mulher veiculado por estes romances pode ser um indicador de que essa leitura ajudou a sedimentar a imagem do magistério como uma ocupação ideal para mulheres, junto à ideia de que esta é a carreira mais adequada à natureza feminina, pois requer amor, dedicação maternal, paciência. Nessas leituras, a idéia de ser professora era tida como uma tarefa sublime. Cunha (1993), concluindo sua pesquisa, diz que o encantamento que tais livros despertavam nas adolescentes funcionou como uma forma de socialização secundária, constituindo-se um paradigma para a construção de uma identidade feminina de mulher e professora. Para ela, isso aconteceu não somente pelo ato de ler em si, mas pelo fato de que os valores expressos nos livros tendiam a reforçar o que já tinha sido interiorizado nos contatos sociais com as pessoas e elementos de sua cultura. Nesse sentido, a leitura feita pelas professoras entrevistadas constitui-se uma forma de apropriação de hábitos e valores *"capazes de afetar o leitor podendo até conduzi-lo a uma nova forma de compreensão de si mesmo e do mundo"* (Chartier, 1990, p.24)

Ao lado desses romances, lembrados pelas professoras, que se constituíam numa tradução de autores principalmente franceses, sua memória também trouxe à tona livros de literatura de autores nacionais. Em suas narrativas vão surgindo nomes como José de Alencar e Machado de Assis entre outros. A Livraria Garnier no Rio de Janeiro, no início do século, editava a maioria das obras dos romancistas brasileiros importantes de seu tempo. Os livros de Machado de Assis eram publicados desde o final do século e o autor já era consagrado como escritor. Na mesma época, a Livraria Teixeira fez publicações de romances de Joaquim Manoel de Macedo e José de Alencar. Na década de 40, a Coleção Saraiva tornou-se famosa por colocar os clássicos da literatura ao alcance de milhares de leitores, com autores como Machado de Assis, José de Alencar entre outros. Todos esses autores continuaram a ser publicados através das diversas décadas encantando seu público leitor. Esse esforço editorial contribuiu, pois, para que as entrevistadas tivessem acesso a estes autores.

> Hilda: No meu tempo eu já tinha lido Machado de Assis. Meu pai gostava muito de literatura, de maneira que eu li esses anos todos. Machado de Assis eu adorava. José de Alencar então eu achava o máximo. Eu gostava muito mais porque Machado de Assis às vezes se

tornava um pouco monótono porque escrevia sobre os costumes da época, que não interessavam muito na minha idade. Mas o José de Alencar, Nossa Senhora! Iracema...onde canta a jandaia no tronco das carnaúbas. (...) "A Moreninha', (de Joaquim Manoel de Macedo) que coisa linda! (...) Eu lia tudo, tudo que encontrasse... gostava demais de ler.

Eunice: Um dia aconteceu um fato muito interessante comigo, porque a leitura do dia contava a história de uma moça que tinha o apelido de Iaiá Garcia. Eu quando era menina tinha o apelido de Iaiá. Todo mundo começou a rir, porque o professor mandou eu ler justamente essa história e eu tinha um namorico com o Garcia e juntou o nome...

Cristina: Lia assim muitos livros bons... agora não me lembro assim de memória... Iracema... eu não lia assim para ler, para me distrair com a leitura, eu lia para gravar, para aprender, cada coisa que eu não sabia (...) Eu me lembro que até decorei, que eu gostei muito: "lá longe, onde a serra azul no horizonte nasceu Iracema, Iracema a virgem dos lábios de mel, olhos e cabelos mais negros que a Graúna"... E li também o Guarani e li também nessa época... eu não sei se tinha saído o livro do escritor Érico Veríssimo. A Moreninha, Brás Cubas, esses nacionais e as poesias Juca Pirama, Canção do Exílio e Visita à casa paterna. (...) Eu até lembro de uns versos: "como a ave que volta depois de um longo e tenebroso inverno, eu quis também rever o lar fraterno o meu primeiro e virginal abrigo. Entrei, um gênio carinhoso e amigo, o fantasma talvez do amor materno, tomou-me a mão, olhou-me grave e terno e passo a passo caminhou comigo..."

Edna: Eu só fui ler quando já podia adquirir meus livros e quando lá no Piau se formou a biblioteca. Foi uma senhora, filha de lá que ficou muito bem e doou uma biblioteca. Eu li a biblioteca toda. Depois eu não tinha mais nada para fazer no Piau. Eu li Machado de Assis. Machado de Assis marca mesmo.

Ana: Também nós líamos por exemplo, "A pata da gazela" do José de Alencar e os de Machado de Assis.

O que teve de tão apaixonante nessa leitura feita na juventude que a memória traz ainda para o presente dessas mulheres de 80 e 70 anos trechos de romances e de poesias? Para Borges, citado por Chiara (1994), um livro se lê para a memória. Parece que estas leitoras foram de fato ativas dialogando com o material de leitura, internalizando-o. Seus depoimentos falam de uma necessidade de aprender o mundo pela leitura. É interessante perceber como pessoas de faixas etárias diferentes fruíam o mesmo prazer nos livros de literatura brasileira. São leitoras compartilhando de um mesmo universo estético, entrando numa mesma rede imaginária de leituras. Nesse sentido, pode-se dizer, como o quer Chiara (1994), que a leitura tem a mesma importância e força da memória social, uma é suporte da outra. Essas mulheres foram se constituindo como sujeitos pela leitura, compartilhando de um mesmo mundo estético respondendo às demandas de uma época. Elas foram formadas sob a influência dessas obras lidas.

Ainda em relação aos autores nacionais, em épocas mais recentes, outros autores são rememorados pelas professoras:

> Vicentina: Gostava muito da leitura de Jorge Amado (...) era uma pessoa que trazia uma mensagem de liberdade... "Capitães de areia", é uma coisa maravilhosa, se você notar como ele escreve aquela vida de delinqüente (...) Então Jorge Amado era uma das minhas leituras preferidas (...) Eu aprendi muito com o Jorge Amado (...) ele foi super avançado para a época e eu gosto de pessoas avançadas.

O seu gosto por pessoas avançadas talvez tenha feito com que se lembrasse com prazer de outro autor clássico, Júlio Verne que povoou sua juventude com suas ficções.

Dessa leitura prazerosa, ativa, que ficou registrada na memória, as narradoras passam a falar de uma leitura da escola. E vão entrando em cena professores da escola normal, professores de português que elas dizem ter a ver com suas leituras. Professores que conseguiram passar sua paixão pela leitura para as alunas.

> Eunice: O melhor professor na Escola normal era o professor Lindolfo Gomes da Academia de Letras. (...) Ele nos obrigava a ler, a transformar aquela história com outras palavras. (...) Ele trabalhava de uma maneira espetacular! Porque ele nos estimulava a trabalhar, ele trabalhava conosco. Nós (...) fazíamos dissertação. E ele era muito exigente, ele não permitia que você falasse errado porque professor que fala errado ele é um fracasso, ele vai acabar com a raça de quem passar nas mãos dele (...) Ele era um poeta excelente, além de escritor e despertou até isso nas professoras. (...) Eu faço uns versos e tem uma colega nossa que ela é poetisa até hoje, a Juanita Fraga. (...) Eu sempre gostei de ler. E veio da leitura do professor Lindolfo Gomes porque ele passou para nós aquela ânsia de saber, de aprender: – Vocês aprendem lendo, se você não ler, você não aprende.

> Edna: Na Escola Normal nós tínhamos ótimos professores. O professor Menezes, muito bom, ele foi meu professor de Português. (...) Nessa época a gente fazia muita redação com o professor Menezes. Eu fazia umas provas lindas de Filosofia com o professor Toledo. Outro dia eu achei uma e disse: mas eu escrevi isto? Achei lindo... (...) Escrevia muito, eu lembro de uma redação que o professor Menezes leu para a classe toda, eu fiquei vermelhinha. Foi sobre a chegada do carteiro, onde eu contei a emoção de uma pessoa recebendo uma carta muito esperada, e ele gostou dessa composição e leu para a classe toda. Escrevia também sobre o dia do trabalho, algum fato marcante era tema de com-

posição para a gente. Eu gostava de escrever... acho que ainda gosto...

Ana: no ginásio eu tive uma boa professora de Português, D. Risoleta. Ela era muito exigente, ela procurava incentivar a gente para a leitura, para escrever, para falar bem. Eu acho que ela me incentivou bastante. Eu, por exemplo, eu escrevo bem. Eu passo as coisas muito bem para o papel.

Todos esses relatos indicam que a leitura e a escrita ocuparam um espaço importante nas vidas destas jovens.

## 6- Professoras que lêem, escrevem e fazem ler e escrever

As lembranças que agora emergem são diferentes. As entrevistadas falam de um outro lugar, não mais estão assentadas nas carteiras escolares. São agora professoras e têm diante de si crianças ou jovens que querem aprender e a quem elas devem ensinar. São agora adultas, que já constituíram uma famíla ou se tornaram independentes a partir de seu trabalho profissional. Nessa nova vida, que lugar ocuparam a leitura e a escrita?

E elas falam como professoras que nunca deixaram de ser, apesar da aposentadoria. Voltam para a sala de aula, fitam novamente os alunos que por elas passaram, vão evocando fatos e contam... Hilda lembra de seu início profissional como professora primária do Estado, no grupo Escolar Antônio Carlos, tornando-se alguns anos depois orientadora técnica. Ao lado desse trabalho de orientadora, acumulava a função de formadora de professores num colégio particular, o Stella Matutina, e mais tarde foi trabalhar na Universidade Federal, no Curso de Pedagogia.

E Hilda vai lembrando de como trabalhava a leitura e escrita com seus alunos do Grupo Escolar Antônio Carlos nos anos 30.

Hilda: Lembro que eu comecei a lecionar lá no grupo, me deram uma classe que tinha passado para o segundo ano e não sabia ler. É que tinha, naquele entusiasmo pelos métodos novos, uma professora técnica muito entusiasmada pelo método Decroly. Era Decroly pra cá, Decroly pra lá... e então ela passou todos os alunos dela, ela aprovou todos. Foram todos para o segundo ano, mas nenhum deles sabia ler. Então, eu não conhecia muito bem os métodos, os processos de ensino, porque a metodologia estava um pouco atrasada ainda, em 1931 ainda não estava como é hoje, então eu desenhava as coisas no quadro, por exemplo um navio, e escrevia em baixo e ia ilustrando com meus lindos desenhos (risos) e ensinava assim aos meninos para poder salvar a classe.

Um início de trabalho bem semelhante ao de Eunice, que

também recebeu o desafio de aprovar a sua primeira turma que já era repetente há dois anos. Com trabalho e esforço ela conseguiu. Perguntando a ela como alfabetizava os seus alunos, respondeu de uma forma bem parecida à de Hilda.

> Eunice: Eu fazia um desenho, por exemplo: eu botava a palavra gato, ensinava a palavra, eu falava outra palavra que tinha a mesma inicial da palavra gato. (...) Não ficava assim A, B, C... detestava aquilo. Era a cartilha do Thomás Galhardo, antiga, que não varia nunca. Por minha conta eu alterava tudo.
>
> Cristina: Eu comecei com muita coragem. Não sabia nem métodos modernos (...) comecei a aplicar com aqueles meninos o que eu tinha aprendido, o que tinha conseguido aprender com a prática, com a minha vida. Como eu ensinei muita gente particular, eu tinha ensinado muita gente a ler... aí fui bem. A turma toda passou, aí eu fiquei alegre!
>
> Edna: Eu comecei aplicar o método global de contos, esse da Lili (...) eu vivi junto com eles aquela euforia, aquele entusiasmo, uma coisa nova (...) Tinha o livro que a gente colava no caderninho, a histórinha e tinha o cartaz na sala. (...) A gente fazia os textos complementares (...) com pincel atômico, colava uma gravurinha. Eram novos textos com aquelas palavras conhecidas formando uma historinha seguindo a mesma linha do cartaz. Pouca coisa era trocada, porque o importante era decorar a historinha.
>
> Ana: Eu trabalhei muitos anos com a 1a série, gostava muito, eu achava lindo as crianças entrarem na escola - uns que não sabiam ler nada e de repente desabrochavam, liam muito bem (...) Eu acho que a leitura é como se você não enxergasse e de repente você passasse a enxergar. É uma coisa muito bonita.

Professoras bem intencionadas que se comprometiam com a aprendizagem de seus alunos e retiravam de sua vivência as idéias para o seu fazer pedagógico. No entanto, de certa forma estavam influenciadas por toda uma concepção de ensino de leitura e escrita com a qual foram formadas. Quantos benefícios poderiam ter em seu trabalho se tivessem se aventurado pelo caminho de uma perspectiva que privilegia a linguagem como interação. Não a descobrindo, ou não tendo ainda notícia dela naquele momento, procuravam formas novas de fazer, tentando avançar um pouco em relação à formação que tiveram.

Além de falarem de suas experiências com a alfabetização, onde se percebe a evolução dos diversos métodos dentro das variadas concepções de linguagem, que foram dominantes nas respectivas épocas, elas se recordam das atividades de escrita na escola, da forma com que trabalhavam as redações.

Hilda: Nos grupos escolares, a maioria não continuaria a estudar, então a gente queria fazer com que eles tivessem meios eles mesmos de (...) mais tarde evoluírem na linguagem. O meio não os ajudava. (...) Então nós tínhamos na sala de aula leitura de jornais. A gente pedia; - pede ao papai e à mamãe, se tiver alguma coisa interessante na revista ou no jornal, você traz aqui para nós comentarmos na sala de aula. Tinha leitura de jornais, confecção de livrinho (...) e outra coisa que nós fazíamos eram murais, eles faziam histórias as mais interessantes, a gente punha no mural para toda a turma ler. (...) Explicávamos que a história tem um começo, tem um princípio, depois tem o enredo, depois tem o final. Para despertar sempre o interesse da criança nós variávamos o modo de pedir a composição: punha quatro palavras, dentro de quatro palavras vamos ver quem sabe inventar uma história e escrever (...) às vezes a gente dava o final da história e falava para eles escreverem a história. A gente cuidava muitíssimo mesmo da redação (...) dava composição três vezes por semana.

Eunice: Tinha aqueles cartazes grandes, eu não sei se hoje ainda existem nas escolas (...) para fazer composições ou descrições. Aquilo ajudou muito, os meninos todos participavam... Hoje a história vai ser coletiva, cada menino vai contar um pedacinho do que está vendo (...) eles ouviam, eles falavam, eles comentavam e depois nós escrevíamos. As historinhas eram todas participativas (...) depois tinha o caderninho para eles copiarem a historinha que eles fizeram. O mais adiantado passava no quadro e os outros iam copiando e faziam aquele caderno com recortes das gravuras que eles viram. (...) Eu fazia ler muito. Todo sábado eles ficavam encarregados de na próxima segunda feira levar as notícias que eles gostaram mais de ler ou se foram à matinée... nós íamos transformar aquilo numa historinha, aproveitamos todos os motivos.

Cristina: Eu estimulava os alunos a ler e escrever Eu tive uma quarta série com alunos que sempre recitavam poesias ou cantavam no auditório (...) um livro que era adotado na escola era chamado "Coração", tinha umas histórias tristes! Tinha uma história, que era da quarta série que quando a gente contava as crianças estavam querendo até chorar...

Ana: Eu dava ditado, composição. Naquela época eu já estava mudando a composição. Quando eu fiz o primário a professora não preparava, só dava o título e a gente tinha que escrever. Ela não explorava o tema. Já quando eu comecei a trabalhar as coisas estavam mudando. A composição era feita com apresentação de gravuras bonitas ou então a professora destrinchava o texto para depois o aluno escrever sobre ele.

Edna: Eu fundei o jornalzinho da escola. Eram eles que faziam. O interessante é que não havia mimeógrafo no Piau. Então eu vim aqui, aprendí com uma professora, a fazer uma massa ectográfica à base de gelatina e outras composições que era feita em tabuleiros onde era colocado um carbono próprio, colocava sobre a massa e tirava 50 cópias. O impresso ficava na massa ectográfica que era a matriz. Para a massa ser aproveitada era levada em banho-maria e apagava e fazia uma nova matriz. Era tudo tão bom, eu adorava fazer essas coisas!

Apesar deste esforço, Edna ainda confessa que a leitura e escrita que se ensinava na escola era mecânica e artificial, não havendo uma maior preocupação com a compreensão. O importante era a leitura oral.

> Edna: Cada um lia um trecho, tinha que continuar seguindo porque de repente o professor mandava ler, principalmente quem não estava seguindo, e às vezes havia leitura silenciosa também com perguntas depois para ver o grau de compreensão.

É interessante que Ana, lembrando seus anos de primário, fala desta leitura oral, dada diariamente:

> Ana: A professora só dava leitura oral. Não existia leitura silenciosa. Mas isso era todo santo dia (...) Nós vamos abrir na página tal... E nem falava no autor, nada disso não. Nós líamos. Ela mandava cada um ler um pedacinho e mal discutia a leitura Era leitura em si mesma. Então quando eu fui trabalhar como supervisora eu lembro que naquela fase davam muito valor à leitura silenciosa. (...) Eu falei: - Gente, acho que não pode ser assim 8 ou 80 não. Tem que dar um pouco de leitura silenciosa e um pouco de leitura oral também.

Práticas de leitura em que o leitor não dialoga com o texto, que permanece estático, morre, não produzindo sentidos.

Até aqui, em meio às suas lembranças, a memória vai contando o fazer da sala de aula: professoras que se esforçavam para trabalhar com o aluno a leitura e a escrita. Mas o que liam e escreviam elas?

> Hilda: Eu lia muitos de livro de psicologia, procurando sempre ver, me enfronhar das correntes psicológicas que estavam surgindo, de maneira que eu lia bastante os livros pedagógicos mas continuei apaixonada pela literatura mundial. Aí todo livro que saía eu comprava.

Hilda sempre gostou também de escrever, mas sua escrita era mais para superar as distâncias através das cartas. Escrever de uma forma mais literária era com Áurea que escreveu um livro sobre a saga de sua família: "Uma família sem brazões". Ainda Áurea, que foi diretora do grupo Antônio Carlos, escreveu também um pré-livro chamado "Foguetinho Colorido". Um história interessante que, nos anos 60, celebrou o feito do homem chegando à lua. Além do pré-livro, ela escreveu as leituras intermediárias e os outros para as quatro séries. Foram ao todo seis livros que foram editados por uma Editora de São Paulo.

Eunice se lembra das atividades dos clubes de leitura que organizava com seus alunos. Eram ricas oportunidades para os alunos, que liam de maneira prazerosa e ela usava sua arte de escrever. Os clubes de leitura eram atividades interessantes que se realizavam principalmente nas turmas de terceira e quarta série, todas as semanas. Era escolhido um patrono para o clube de leitura entre as pessoas que se destacavam na comunidade. Eunice se dedicava com entusiasmo a essas atividades, escrevendo dramatizações para que os alunos, seus artistas, como a eles se refere, representassem. Além dessas atividades em sala de aulas, Eunice dirigiu nos anos 50, por 5 anos, um programa infantil na PRB3, uma rádio que funcionava na época em Juiz de Fora. Ela fazia a parte de locução, escrevia as dramatizações e ensaiava os atores mirins. Ana, também, durante sua vida de professora, diz que suas leituras eram mais técnicas de acordo com as necessidades de seu trabalho. Conta que, quando supervisora, na década de 80, se reunia semanalmente com um grupo de colegas para estudarem juntas. Nesse grupo, leram muito Paulo Freire, mas não se descurava de outras leituras para não se tornar uma pessoa chata.

> Ana: Quando eu saio com o meu marido para encontrar pessoas de várias profissões, se eu falar de educação, eu acho que eu fico muito chata. Eu não sei falar de outra coisa? Eu acho que a pessoa que tem um conhecimento geral é mais fácil de se relacionar com os outros, porque você conversa sobre vários assuntos.

Das professoras entrevistadas, no entanto, parece que quem mais leu em sua vida de adulta foi Cristina. Talvez até pelas suas condições adversas, por sua luta em querer saber mais, em querer estudar e chegar a ser professora. Tendo casado cedo, impedida de continuar os estudos e morando em lugarejos do interior, devido à profissão do marido que era chefe de estação de trem, ela sempre buscou uma forma de encontrar livros e jornais. Lendo, voltou a estudar, formou-se, foi professora e terminou sua vida profissional onde realmente queria: no meio de seus amigos os livros, isto é, numa biblioteca, pois aposentou-se como bibliotecária. Em sua história de leitura ela diz:

> Cristina: Casei e fui morar em Dias Tavares. Tive filho no mesmo ano. Então eu nunca deixei de querer voltar para a cidade, continuar a estudar (...) e sempre lia muito, tudo que eu pegava eu lia... as coisas que as minhas irmãs mandavam para mim, porque elas continuaram, terminaram o curso normal. (...) Eu lia assim livros de M. Delly (...) Depois comecei a ler também romance de Conde de Monte Cristo, Cabana do Pai Tomás, A vingança do Judeu e antologias nacionais. (...) Dama das Camélias (...) O corcunda de Notre Dame. (...) li Casa Grande e Senzala, Olhai os lírios do Campo, de Érico Verissmo. Machado de Assis, Guimarães Rosa eu li bem mais tarde. Eu até conheço a casa em que ele nasceu. Eu

> estive lá. Eu lia algumas noticias de Oswald de Andrade, aqueles do movimento de São Paulo. Noticiário que a gente lia era mais ligado às guerras. Eu nasci quando acabou uma grande guerra em 1919 e depois veio as revoluções todas e logo que eu casei veio a 2a grande guerra e terminou quando minha filha Leninha nasceu Essa notícias eram o que a gente encontrava no jornal e sempre nas estações alguém esquecia um jornal e deixava alguma coisa lá e a gente lia. Eu não fui muito instruída nessas coisas, nem tive alcance a uma cultura melhor porque eu morava num lugar tão sem recurso.

Falando de seu tempo de bibliotecária, afirma que leu muitos livros e descobriu muitas coisas boas.

## 7- E hoje? São elas leitoras e escritoras?

Mulheres que sendo professoras um dia tiveram como principais instrumentos os livros, os lápis e os papéis. Que espaço hoje eles ocupam em suas vidas? O que lêem e escrevem?

Cada uma na organização de sua nova vida de aposentada tem espaços diversos onde convivem de uma forma ou de outra com a leitura e a escrita.

> Hilda: Agora, infelizmente de uns anos para cá eu não posso ler, porque estou enxergando muito mal, de maneira que eu leio e me canso, então tem que ler aos pouquinhos e isso para mim foi uma morte. Eu estava acostumada a ficar sempre grudada nos livros, agora não olho nem para as livrarias, para não ter a tentação.

Eunice, nos seus 84 anos, tem uma vida ativa, usando uma agenda para organizar seus compromissos. Faz parte do Conselho Municipal de Educação, dirige há 25 anos um grupo de professoras aposentadas e faz palestras na ASCOMCER, uma entidade beneficente que realiza trabalhos de prevenção do câncer. Ela prepara estas reuniões, organizando as pautas e os textos para serem discutidos e elaborando mensagens para serem distribuídas. Lê em função destes trabalhos e assim se refere ao seu gosto pela leitura e escrita:

> Eunice: Eu tenho mania de escrever, eu escrevo o tempo todo. Se tem um grupo que precisa de uma palestra educativa me pede eu vou. Eu faço as palestras educativas da ASCOMCER. Estou lendo "Vivendo, Amando e Aprendendo" de Leo Buscaglia. Leio também revistas: Pais e Filhos, Novos Tempos, Cláudia, Caras. Leio de tudo, ali tem de tudo, essa minha biblioteca é bacana. Tem a coleção "Mulheres célebres da história", meus dicionários, os livros que eu ganho. Meu marido era sobrinho de João Guimarães Rosa . Já li "Grande sertão: veredas". Ele é igualzinho ao meu marido. Escrevo também o que chamo de "Fatos que a vida conta", onde relato experiências que tenho vivido ou presenciado. Ajudo escolares

que me procuram, nas pesquisas que eles precisam. Vou à biblioteca, copio para os alunos que não têm dinheiro: a biografia de Machado de Assis, de José Lins do Rego, faço resumos de livros.

Cristina hoje tem dificuldades para escrever devido a uma artrose nos dedos, mas gosta de escrever cartas para os netos nos aniversários ou quando tem um motivo especial. Quanto às leituras, tem, no momento, se dedicado a livros espíritas e alguns romances que os netos trazem como "As Brumas de Avalon". Também lê jornais e revistas como "A Tribuna de Minas", "Veja" e assiste aos telejornais da TV e documentários.

Edna hoje frequenta a universidade para a Terceira Idade, lê a bibliografia indicada e pretende depois fazer inglês. Como leituras atuais, ela se refere a um livro que aborda a teoria da relatividade: "Espaço, tempo e além" e também "Ego sem medo" e "Profecias Celestinas". Falando sobre escrita diz:

> Edna: Eu estava tentando desenvolver uma técnica de escrever o que vinha na mente na hora em que eu pegava a caneta, eu me comprometia em escrever uma página toda noite. E é interessante que às vezes eu pego o caderninho e eu acho bom o que eu escrevi. Escrevo sobre o que vem na cabeça. Geralmente assim... um aniversário de um filho que eu fui, um acontecimento aqui da rua... é bom mesmo. As idéias vêm assim numa facilidade, mas eu parei porque eu sou muito tímida, eu não gosto de me revelar e eu acho que esses escritos revelam muito o lado pessoal.

Vicentina fala em escrever um livro sobre sua própria vida, o que também já foi sugerido à Eunice mas ela não se aventura , dizendo que gosta de escrever mas não até este ponto.

Ana referindo-se a leitura diz:

> Ana: Li muito quando era criança, li muito quando era adolescente e hoje eu leio muito. Eu adoro ler. Eu falo que se pudesse, eu passava a vida lendo. Eu leio muito. Eu leio tudo (...) leio até os classificados do jornal, qualquer notícia de jornal. Eu leio a Veja. (...) eu leio livros.(...) depois que eu me aposentei eu leio no mínimo, uns 30 livros por ano. Eu adoro ler, escrever até que eu não escrevo muito não. Eu sou muito voltada para a nova era. Então eu leio muito livro místico.

Leitoras e escritoras que contaram suas vidas, e me permitiram uma descrição de Juiz de Fora a partir das muitas vozes que se fizeram ouvir. Uma história, ou várias histórias que revelaram práticas de leitura e escrita presentes numa escola de um tempo que já passou mas que ainda conta. Mergulhando nele é possível refletir sobre o lugar da leitura e escrita na formação de professores. É preciso buscar novos caminhos para essa formação nos quais leitores e escritores continuam sendo os principais personagens e onde o livro permaneça como o quer Jorge Luis Borges "uma das possibilidades de felicidade de que dispomos."



## Referências Bibliográficas

BAKHTIN, M. (Volochinov, V. N.) *Marxismo e Filosofia da linguagem.* São Paulo: Hucitec, 1988.

BEM-PERETZ, M. Episódios do passado evocados por professores aposentados. In: Nóvoa, A. (org.) *Vidas de professores.* Porto: Porto editores, 1992.

BOSI, E. *Memória e sociedade; lembrança de velhos.* São Paulo: Queiroz, 1979.

CHARTIER, Anne-Marie et alii. *Ler e escrever - entrando no mundo da escrita.* Porto-Alegre: Artes Médicas, 1996.

CHARTIER, R. *A história cultural. Entre práticas e representações.* Lisboa: Difel, 1990.

CHIARA, A C. de R. Leitura e memória. *Caderno de leitura.* Proler. vol.1. Rio de Janeiro,1994, p.67-83.

CUNHA, M. T. S. Biblioteca das moças: contas de fada ou contos de vida? *Cadernos de pesquisa,* São Paulo, n.85, maio 1993, p.54-62.

FREIRE, P. A importância do ato de ler. In: Abreu, Márcia (org.) 10.º COLE. *Leituras no Brasil,* ALB/ Mercado Aberto,1995.

MCLANE, J. B. A escrita como um processo social. In: MOLL, L *Vygotsky e a educação.* Porto Alegre: Artes Médicas, 1996.

MEYER, M. *Folhetim: uma história.* São Paulo: Companhia das Letras, 1996.

OLIVEIRA, M. K. de. *Vygotsky aprendizado e desenvolvimento um processo sócio-histórico.* São Paulo: Scipione, 1995.

OLIVEIRA, M. R. de. *Juiz de Fora* - Vivendo a história. Juiz de Fora: EDUFJF, 1994.

PAIXÃO, F. (Coord. Geral). *Momentos do livro no Brasil.* São Paulo: Ática, 1996.

SOARES, M. Alfabetização: a (des)aprendizagem das funções da escrita. *Educação em revista.* Belo Horizonte, 8, dez.1988, p. 3-11.

VYGOTSKY, L.S. *A formação social da mente.* São Paulo: Martins Fontes, 1991.

# Na memória de p

# a vida cultural de uma

*Cultura, teia que envolve*
*e embala; cultura, ventre*
*que concebe e cria,*
*mas também cultura,*
*co-emergência do mundo*
*e das subjetividades que*
*ele implica. O mesmo*
*processo que possibilita*
*a formação do ser*
*humano é dela resultado.*
*Criando cultura,*
*o ser humano se produz;*
*produzindo-se,*
*cria cultura.*

Tiago Adão Lara

# essoras,

# ade

**Regina Ferreira Barra Tarocco** [12]

## 1- Relembrando a cidade

Analisando os depoimentos das professoras entrevistadas, constatou-se que todas, em suas memórias, destacavam os aspectos culturais de Juiz de Fora, citando a influência da imprensa, das livrarias e bibliotecas, presentes na sua constituição enquanto leitoras. Isso despertou nosso interesse em pesquisar alguns aspectos da vida cultural da cidade, para unir às narrativas das professoras pesquisadas. Ao enfocar a vida cultural de Juiz de Fora, além dos dados fornecidos nas entrevistas pelas professoras aposentadas, buscaram-se também documentos e depoimentos que confirmassem as suas falas.[13]

---

[12] Mestre em Educação pela UFJF.

[13] Para este capítulo e para o seguinte foram muito importantes os depoimentos do ex-proprietário de uma das livrarias mais importantes da cidade (Casa Zappa), o professor e jornalista Adilson Zappa, a quem agradecemos pelas informações que consubstanciaram estes textos.

Juiz de Fora, cidade surgida no século XIX, não participou da cultura colonial mineira e da religiosidade conservadora do antigo centro do ouro, como Ouro Preto, Mariana e São João del Rei. Outras foram as suas influências. Sua proximidade com o Rio de Janeiro possibilitou uma estreita vinculação com a vida cosmopolita deste grande centro.

Até a década de 20, nossa cidade era apontada como o centro cultural de Minas Gerais, possuindo um grande número de jornais, escolas e instituições culturais como teatros, cinemas, bibliotecas, livrarias, etc. Esta intensa vida cultural fez parte de um projeto de modernização patrocinado pelos fazendeiros e industriais que se preocupavam em fornecer uma infra-estrutura capaz de suscitar o desenvolvimento econômico e industrial.

> *Seu desenvolvimento industrial, pautado pela modernização capitalista, trouxe para a cidade, além dos apitos das fábricas e da luz elétrica, o desejo de civilizar-se nos moldes dos centros europeus. Seus teatros, cinemas, jornais, colégios e intensa atividade literária refletiam a vontade de criar uma nova imagem para a cidade, fugindo à tradição escravista* (OLIVEIRA, 1994, p.78).

Assim os jornais, revistas, escolas, teatros, as instituições culturais... tinham o papel de formar os trabalhadores e quadros burocráticos, além de incutir na opinião pública o desejo de "civilizar-se".

> *É importante lembrar o peso da aglutinação de um grupo de intelectuais que tinha voz nos jornais, nas salas de aula, nas secretarias e inspetorias de ensino, nas reformas da instrução pública, nas conversas de café..., numa comunidade de aproximadamente 18.055 habitantes, a maioria trabalhadores braçais, analfabetos, afastados dos espaços formais de produção e difusão cultural, mas por eles julgados e nomeados perante a opinião pública, principalmente nos momentos de confronto entre o capital e o trabalho. Comunidade esta apontada como a "Atenas de Minas..."* (CHRISTO, 1994, p. 17-18)

Juiz de Fora foi identificada pelas entrevistadas como uma cidade de expressiva atividade cultural. Relembraram um dado cultural significativo e relevante para a história de nossa cidade, que foi o agrupamento de alguns intelectuais em torno da Academia Mineira de Letras. Esta, fundada em 25 de dezembro de 1909 e instalada oficialmente a 13 de maio de 1910, foi organizada inicialmente por um grupo de 12 intelectuais conhecido como "Grupo dos Doze", que posteriormente foi dilatado para 40 membros, sendo o seu regimento interno *"cópia quase literal da Academia Brasileira de Letras"*(Christo,1994, p.15), o que demonstra a influência exercida pela cidade do Rio de Janeiro, em Juiz de Fora. O prestígio da

Academia que tinha como presidente de honra Augusto de Lima, cresceu tanto em tão pouco tempo que, quatro anos depois, a capital do Estado, Belo Horizonte, pleiteou e conseguiu sua transferência para lá, elegendo na mesma ocasião nova diretoria, constituída toda de membros residentes na capital do Estado.

Os intelectuais pertencentes à Academia Mineira de Letras eram considerados membros da elite cultural. A grande maioria dos literatos dedicava-se, ao jornalismo, ao serviço público ou ao magistério trabalhando principalmente nos Colégios Granbery e Academia de Comércio. Apresentavam algumas características como *"o revezamento, a acumulação e a manipulação dos lugares de prestígio das instituições locais, e a combinação de várias atividades (professor, escritor, funcionário público, jornalista...)"* (Christo,1994, p.3).

Lindolfo Gomes, membro da Academia Mineira de Letras, tem aqui um destaque especial por ter sido professor ilustre de uma das professoras entrevistadas, Eunice, que deu seu testemunho de aluna, elogiando o mestre de que mais gostava.

> Eunice: - Olha, o nosso professor, eu digo nosso porque esse era o professor melhor na Escola Normal, era o Professor Lindolfo Gomes da Academia de Letras, família tradicional de Juiz de Fora. Ele era um espetáculo para nos ensinar Português, ele nos obrigava a ler, nos obrigava a transformar aquela história com outras palavras. Só sei que ele misturava tudo, no fim você sabia. Português eu aprendi com a maior facilidade, porque o professor sendo bom, você aprende (...). Ele era um poeta excelente, além de escritor, ele despertou até isso nas professoras (...) ele não era um jovenzinho não, era um jovem senhor, com um cabedal muito grande, um português aprimoradíssimo, tanto que fez parte da Academia de Letras (...) Eu sempre gostei de ler. E veio da leitura do professor Lindolfo Gomes, porque ele era para nós aquela ânsia de saber, de aprender. "Vocês aprendem lendo, se você não ler, você não aprende".

Juiz de Fora contou também com um Centro Literário, fundado em 24 de março de 1939, tendo como presidente, *João Panisset*, vice-presidente, *Vitório Bergo* e secretário, *Joaquim Henrique Vianna Júnior.*

A cidade, em sua trajetória sempre demonstrou sua vocação cultural. O acesso à cultura letrada pelas camadas médias urbanas evidenciava que a educação não se configurava apenas na fronteira das universidades e dos seminários. Ela se ampliou de maneira especial nos clubes, cinemas, teatros, escolas, fábricas, imprensa, livrarias e bibliotecas.

A professora Hilda, ao comentar a vida cultural de Juiz de

Fora, lembra-se das operetas, concertos e cinemas:

> Hilda: - Aqui em Juiz de Fora, a vida cultural era muito intensa. Tinha operetas italianas. Aqui vinha sempre, todo ano mesmo as operetas italianas. Veio uma vez uma opereta francesa... (...) Não, no Central não. Era no Carriço, no Glória e no Carriço... Tinha o Carriço Filme... O Glória era na rua Halfeld, ali pertinho da praça do Central, mais ou menos... E pianistas também, o Rubstein, esteve aqui o Brailovisky também deu um concerto aqui. E nesses concertos, era engraçado como era antigamente... quem ia nos camarotes, os concertos eram no Central, ia de vestidos longos, toda chique (risos).

Devido ao profundo interesse cultural que envolvia a cidade, as iniciativas se sucediam, ampliando-se as oportunidades neste setor. Assim, em 14 de agosto de 1927, inaugurou-se, na Avenida 15 de Novembro, (hoje é a Avenida Getúlio Vargas e no local existe atualmente um estacionamento) o Cinema Popular, mais conhecido como Cine Carriço, de propriedade de João Gonçalves Carriço, que foi seu fundador e mantenedor. Como nos relatou o professor Zappa, o cinema começou numa funerária e os filmes eram exibidos no pátio do estacionamento das carruagens, numa tela de lençol. As carruagens que ali ficavam serviam de assento para as pessoas ou estas levavam de casa o seu banco para assistir ao filme.

O Cine Carriço se propunha atingir a camada pobre da população e funcionava até com um certo prejuízo, pois o seu preço era muito barato. O lucro maior acontecia com a exibição do filme "Vida, paixão e morte do Nosso Senhor Jesus Cristo", por ocasião da Semana Santa, quando filas enormes se estendiam pelas ruas Marechal Deodoro e Avenida Getúlio Vargas. Para atender a demanda eram realizadas várias sessões ao dia. Além deste filme, as fitas em série também faziam muito sucesso. As fitas eram importadas e exibiam histórias de cawboy, do detetive Charles Chan, do Flash Gordan, etc. em capítulos semanais. O primeiro jornal cinematográfico da Carriço Filme foi exibido em 24 de fevereiro de 1934, mostrando aspectos da cidade e do último carnaval. (Oliveira, 1975). Mais tarde, depois do Carriço, surgiram outros cinemas como o Glória, o Pálace, o Rex, o Festival, o Cine São Mateus, o Paraíso, etc., que foram lembrados pelas professoras.

Em 30 de março de 1929, o Cine-Teatro Central foi inaugurado, com a presença do governador Antônio Carlos Ribeiro de Andrada e outras autoridades e destinava-se à elite. Numa época em que a televisão ainda não existia, o público prestigiava muito os cinemas, teatros, que somados ao impresso, promoviam a dinâmica da vida sócio-cultural da cidade.

## 2- A IMPRENSA: EXERCÍCIO DA LIBERDADE DE OPINIÃO, EXPRESSÃO E INFORMAÇÃO

> *Nunca é demasiado dizer que a legitimidade da luta pela liberdade de imprensa baseia-se no direito dos cidadãos de serem plena e honestamente informados. A saúde de nossa democracia depende do exercício responsável desse ofício público. A própria sobrevivência de todas as nossas liberdades depende da liberdade de imprensa.*
>
> *Ernest Meyer*

A imprensa em Juiz de Fora era muito ativa. Desde 1870, havia publicação regular de alguns jornais. Os pioneiros foram *"O Constituinte",* substituído pelo *"O Imparcial"* e o *"Comercial",* que segundo Heitor Guimarães, surgiram e desapareceram em 1870, como consta no livro *História de Juiz de Fora* de Paulino de Oliveira.

O jornal mais importante do período, "O Pharol", foi transferido de Paraíba do Sul, Estado do Rio, em 1871. Publicado entre 1872 e 1939, "O Pharol" acompanhou diversos momentos históricos e sempre contribuiu para a formação da opinião pública, registrando manifestações, enfim, retratando a atividade cultural da cidade (Oliveira, 1975).

A imprensa juizforana era tão intensa e dinâmica que, só no século XIX, contou com 55 jornais. Da atividade jornalística participaram advogados, médicos, farmacêuticos, dentistas, sacerdotes, professores e políticos. Todos desenvolviam na cidade significativa atividade cultural, além de exercerem suas profissões.

> *Num período onde a divulgação das informações era dificultada pela existência de muitos analfabetos, poucas escolas e quase nenhum acesso a livros, o jornal representava um espaço precioso e importante para "aquecer" o comércio com propagandas, para publicações de crônicas, notícias políticas e anúncios variados de compra e venda.* (Oliveira, p.27)

Os jornais "Diário Mercantil", fundado em 23 de janeiro de 1912, e o "Diário da Tarde", que surgiu na cidade em 8 de outubro de 1898, em substituição ao "Novidades", foram importantíssimos para Juiz de Fora. Um era matutino e o outro vespertino, ambos eram dos Diários Associados, e eram escritos por pessoas daqui, integradas à vida da cidade. Eles constituíram um importante veículo de campanha, mobilização, informação e conscientização.

Além dos periódicos escritos, a produção cultural era veiculada, também, através dos programas de rádio. No centro do Parque Halfeld, a principal praça da cidade, havia um sobrado, com sua varandinha em estilo art-deco, onde funcionava a Rádio Sociedade de Juiz de Fora, PRB3. Seus alto-falantes retransmitiam os programas para todos que estivessem na praça. Foi a primeira rádio de Minas Gerais e uma das primeiras do Brasil. Em cima da Rádio, funcionava a Biblioteca Municipal, onde as pessoas iam fazer suas leituras.

Uma das professoras, que apreciava os programas da rádio, nos fala da sua experiência sobre a realização de um programa infantil na rádio PRB3.

> Eunice: - Olha, eu freqüentava um programa na PRB3, um programa infantil da tia Claudia, que era tia do professor Pável Bastos (...) Ele me convidou (...) Eu aceitei e falei: eu vou, mas olha, eu nunca falei num microfone heim? - Não? Mas você tem jeito Eunice, você vem sempre aqui, eu vejo que você aprecia os programas (...) Aí eu fiquei com a parte de formação de caráter da criança, com as dramatizações todas escritas por mim e eu tinha um maestro chamado Célio Evangelista, filho do Caetano Evangelista. Nós íamos sábado e ensaiávamos os meninos (...) Fazíamos as benditas dramatizações, cada semana homenageava uma pessoa importante de Juiz de Fora e em toda profissão: o professor, o escritor, o lixeiro. O último que eu homenageei foi o professor Veloso, que foi o diretor da Escola Normal. Fiquei cinco anos. Eu ia só substituir e fiquei.

Através das narrativas das professoras, observamos que a leitura de jornais era valorizada em algumas escolas, onde a professora incentivava este tipo de leitura com o objetivo de ampliação dos conhecimentos gerais e busca de informações locais e de outros países:

> Hilda:- Elas comentavam o que a gente lia... Elas levavam o jornal para aula e então elas comentavam com a gente.

A leitura de jornais era e é utilizada por algumas professoras como fonte de informação, prazer e entretenimento. As falas de algumas das entrevistadas sobre o seu momento atual revelam este seu interesse pela imprensa escrita.

> Ana: Eu leio tudo! Olha, pra você ter idéia, eu leio até os classificados do jornal. Então eu adoro ler jornal. Eu leio tudo de jornal, qualquer notícia de jornal, cada coisinha eu leio, eu gosto.

> Cristina: Essa minha filha assina a Tribuna e as outras minhas filhas assinam a Folha de São Paulo, de vez em quando elas trazem para cá. Leio a Veja e outras revistas que eu me lembrei de falar para vocês, foi a Seleções, ela era feita nos Estados Unidos, mas era traduzida.

Com o advento da televisão, abriu-se outra porta para a imprensa, que passou a usar os recursos audiovisuais e conseguiu atingir um número de telespectadores bem maior do que o público da imprensa radiofônica e da imprensa escrita.

Cristina fala de seus hábitos de telespectadora:

Cristina: Há dias eu ouvi na televisão, no jornal, eu vejo muito Jornal da Band na parte da manhã e o Jornal Nacional, e gosto muito dessas reportagens (documentários) da TVE.

Ana, voltando ao passado, lembra dos anos 60, período do regime militar e fala da censura à imprensa na época, ao rememorar episódios relacionados a um antigo namorado.

Ana: Nós só sabíamos que ele estava preso em São Paulo. Nós não tínhamos notícia nenhuma, a não ser as poucas notícias que davam na televisão. Porque a televisão, o rádio, jornal, era tudo censurado naquela época. Então eles davam pouquíssimas notícias; só aquelas que os militares aceitavam, sabe? (...) nós não ficávamos sabendo porque era tudo censurado.

A censura no Brasil, de acordo com Pereira (1979), produziu efeitos drásticos como o fechamento ou diminuição da tiragem de jornais, desemprego de profissionais, esvaziamento do mercado de trabalho, redução de padrões salariais, e, principalmente, o desinteresse do público pelos informativos dos jornais, rádio e televisão, que não mereciam mais credibilidade..

A censura política pode processar-se por vários mecanismos, um deles consiste na ação do governo através de medidas legais capazes de intimidar a imprensa. No Brasil, durante o período da ditadura, a Lei de Segurança Nacional e a própria Lei de Imprensa, prescreviam punições severas para "delitos" praticados pelos meios de comunicação. Nessa época a repressão foi muito grande e toda a imprensa como órgão divulgador das notícias sofria a censura do governo.

Compreendemos que o pluralismo democrático não pode prescindir da liberdade de imprensa, do direito à informação, da diversidade das fontes, para que possa existir uma opinião pública consciente, atuante e consistente, a fim de se garantir o respeito às conquistas políticas da Nação.

## 3- Livrarias, verdadeiros centros de cultura

*Dêem-me acima de todas as liberdades a liberdade de saber falar e de discutir livremente, de acordo com a minha consciência.*

*John Milton*

As livrarias de Juiz de Fora sempre foram pontos de divulgação de cultura, não só em relação à compra e venda de livros, mas também se constituíam no local onde as pessoas se encontravam para conversar sobre os livros lidos, a política do país, do estado e da própria cidade. Nelas aconteciam tardes de autógrafos, conferências com autores da cidade e de fora, recitais de piano e canto.

No contexto dessa efervecência cultural, vamos encontrar na cidade, durante a década de 30, um número significativo de livrarias, considerando a época e o número de habitantes. As livrarias localizavam-se no centro da cidade e muito contribuíram para divulgação cultural.

Algumas livrarias foram marcantes na história de Juiz de Fora: a Companhia Dias Cardoso, a Livraria e Papelaria Irmãos Oliveira, a Casa Zappa, a Castro Alves, a Sagarana, a Pena de Bronze, a Viviani, a Marne...

> Hilda: Em 31, a Livraria Oliveira foi a única que conhecíamos. Essa livraria também trazia escritores de fora para fazer conferências aqui e nós não perdíamos. Elas alugavam uma sala, pediam salões emprestado. Às vezes era no Pálace, que tinha salões de festas e emprestava... e trouxe vários escritores aqui, inclusive o Malba Tahan, que fez várias conferências aqui.

A Companhia Dias Cardoso, na década de 30, foi a primeira grande livraria que se instalou na cidade.

> Eunice: Tinha, não com essa influência que tem hoje, porque tinha menos gente, mas tinha as livrarias e a gente adquiria os livros (...) A livraria que tinha aqui era a "Dias Cardoso", ali embaixo na rua Halfeld, onde é agora o escritório do PLASC; (...) sinto muita saudade da "Dias Cardoso". Tinha de tudo, tinha rapazes bonitinhos para atender a gente, tinha feios, tinha mal educados e não tinha moças ainda porque naquele tempo as moças eram mais recatadas. Tinha de tudo lá! Era espetacularmente bem provido.

Segundo Zappa, "seria inexplicável aos olhos de uma pessoa de hoje, o que ela era naquela época". Era um sobrado que ia da Rua Halfeld até a Rua Marechal Deodoro. Em cima morava a família Dias Cardoso e embaixo funcionava a loja com vitrines de cinco a seis metros de altura, com prateleiras de fora a fora, com balcões no centro. Era uma loja fabulosa: tinha papelaria, uma fábrica de instrumentos musicais, a tipografia e o bazar. A tipografia da Companhia Dias Cardoso, na década de 30 e 40, chegou a fazer algumas edições de autores locais, sendo pioneira nesse campo. No final da década de 40, encerrou suas atividades editoriais, continuando a funcionar, apenas, a Papelaria e Livraria Irmãos Oliveira.

> Hilda: Tinha a livraria Oliveira na rua Halfeld. Depois passou... o Oliveira morreu e a livraria passou para o Sr. Becker que era nosso vizinho. Agora, eu... nós não saíamos da livraria... Nós tínhamos um trato com ele: todos os livros que chegavam, os livros bons, uma novidade literária, ele nos telefonava e mandava para nós. Nós tínhamos uma continha lá, ia anotando. Ah! A livraria Oliveira marcou época viu?

Os livros, em sua maioria, eram comprados no Rio de Janeiro, São Paulo e Belo Horizonte, que tinham um mercado editorial mais desenvolvido, e os pedidos eram feitos por telefone ou através dos representantes das editoras que vinham à Juiz de Fora.

Em seu depoimento, o Sr. Adilson Zappa, conta que, por volta de 1945 ou 46, um senhor (de cujo nome não se lembra) que tinha uma pequena loja na Galeria Pio X, alugava livros, basicamente romances, e fazia encomendas de fora. Os livros eram encapados com papel pardo e tinham uma etiqueta gomada na lombada com os respectivos números. e eram alugados mediante o pagamento de uma taxa.. Este senhor formou um acervo e quando não quis mais continuar no ramo, vendeu para o seu avô, Sr. Natalino Zappa, que tinha uma papelaria e uma tipografia na mesma galeria desde 1934. Este acervo foi incorporado pela Casa Zappa em 1947, que se transformou também em livraria, onde eram encontrados livros didáticos e todos os gêneros de literatura.

Essa livraria possuía um público freqüentador e fiel, que lotava seu espaço principalmente nos finais das tardes de sábado e nas manhãs de domingo. A Livraria e Papelaria Zappa era um ponto de encontro dos estudantes, intelectuais e políticos da época, que ali compareciam não só para comprar livros mas também para desfrutar da companhia de amigos. A freqência maior era de advogados e professores, mas a participação feminina era menor. As mulheres não tinham muito acesso à leitura e portanto sua presença era bem reduzida. Na maioria, eram mães acompanhadas de suas filhas, ou professoras primárias.

A Casa Zappa prestigiou os autores locais e nacionais, fazendo o lançamento de seus livros e prestando bons serviços à cultura da cidade, porém, infelizmente, seu destino não foi diferente das primeiras grandes livrarias de Juiz de Fora. Em decorrência do contexto econômico, por dificuldades financeiras, fechou suas portas em 1976.

As outras professoras mais jovens se lembraram de outras livrarias mais recentes:

> Edna: (...) agora livraria, tinha a Viviani, do outro lado tinha a Zappa. Eram as duas.
>
> Ana: Não me lembro de livrarias, só da Livraria Viviani. Acho que era a única que existia. Mas eu não tinha dinheiro pra comprar livros. Eu arrumava emprestado.

A partir desses depoimentos percebemos a presença do cinema, da música, do teatro, do rádio e da imprensa escrita na vida cultural da cidade. Foi interessante observar o espaço ocupado neste sentido pelas livrarias que atraíam leitores e promoviam encontros culturais. São lembranças de um tempo, que falam de uma cidade na qual a cultura sempre teve um lugar de destaque.

## Referências Bibliográficas

CHRISTO, M. de C. V. *A "Europa dos pobres": Juiz de Fora na Belle-Époque mineira*. Juiz de Fora: EDUFJF, 1994.

OLIVEIRA, M. R. de. Juiz de Fora - Vivendo a História. Juiz de Fora: *Núcleo de História Regional da UFJF*, 1994.

OLIVEIRA, P. de. *Efemérides Juizforanas* (1698-1965). Juiz de Fora: Universidade Federal de Juiz de Fora, 1975.

PEREIRA, M. *Imprensa: um compromisso com a liberdade*. Florianópolis: Lunardelli, 1979

# Falando de bibliotecas

*A Ciência é cumulativa*
*e a biblioteca tem*
*a função de preservar*
*a memória - como*
*se ela fosse o cérebro*
*da humanidade -*
*organizando a informação*
*para que todo ser*
*humano possa usufruí-lo.*

Pinto de Aguiar

**Regina Magna Bonifácio de Araújo** [14]

"M*ais do que depósito de livros, a biblioteca, desde os seus primórdios, exerceu uma função social, relacionada às condições de acesso à leitura ofertadas às diferentes camadas da população"* (Aguiar, 1994, p.99). Com estas palavras, iniciamos o nosso texto, procurando resgatar um pouco da história da biblioteca que está diretamente ligada à história do livro, desde suas transformações materiais, sua produção, divulgação e circulação até seu consumo efetivo pelo leitor.

Registros históricos nos mostram que, por volta do século VII a.C., foram encontradas placas de argila onde os assírios, sumérios e babilônios registravam seus conhecimentos. Estas placas podem ser entendidas como biblioteca. Muitos textos, ao longo de todos estes anos, foram perdidos definitivamente, outros foram copiados. Na Idade Média, os conventos e abadias funcionavam

[14] Mestre em Educação pela Faculdade de Educação da UFJF.

como repositório literário, servindo a um pequeno grupo letrado. Com o surgimento das universidades, a produção de manuscritos e a procura de consultas aumentaram significativamente. A impressão, surgida em meados do século XV, propiciou que o pensamento humano, registrado pela escrita, alcançasse um número maior de pessoas. As bibliotecas deixaram então de ser tesouros para se tornarem serviços.

No Brasil, os livros chegaram com os jesuítas para evangelizar e colonizar. Os portugueses eram rigorosos em relação à publicação e circulação de impressos, e as obras importadas circulavam somente nos conventos. Grande parte era censurada por serem consideradas obscenas ou heréticas. Apesar deste controle e do fato de que os livros deveriam vir de Portugal através de importação regularizada, muitas pessoas, entre elas os inconfidentes, tiveram em suas residências notáveis bibliotecas particulares clandestinas, com algumas obras que refletiam a evolução do pensamento europeu na época. Com a chegada de D. João VI ao Brasil, no século XVI, o rei incluiu em seu carregamento a Biblioteca Real, formada por cerca de 60 mil volumes, a qual, mais tarde, passou a fazer parte do acervo básico da Biblioteca Nacional.

Após a Independência, novas idéias começam a ser divulgadas e definidas. A imprensa torna-se o veículo fundamental neste processo e com os jornais surgem os folhetos e os livros. O livro tem o campo de penetração ampliado. Surgem várias bibliotecas pelo país, como a da Bahia (1811), do Rio de Janeiro (1825) e de São Paulo.

Em Juiz de Fora, a primeira biblioteca foi iniciada no ano de 1888, em virtude da proposta do vereador Fonseca Hermes de se criar uma Biblioteca Pública nesta cidade. Na mesma ocasião, encaminhou outra proposta para que a Câmara assinasse o "Dicionário Histórico e Geográfico Brasileiro", do Dr. Moreira Pinto, que serviu de início à criação da biblioteca. Em 1896, foi publicada a Resolução n° 369, de 20 de maio, que criava, com o art. 1°, a Biblioteca Municipal e autorizava, com o art. 2°, "*as despesas necessárias à instalação da mesma no Edifício do Fórum ou onde reconhecer mais conveniente*". Em 1897, inaugurava-se oficialmente a Biblioteca Municipal e, 18 anos depois, era transferida para o pavilhão do Parque Halfeld, contando, nesta época, com cerca de 2800 volumes.

O entusiasmo pós-independência não mudou com a República. A população era majoritariamente analfabeta. Quem lia então no Brasil no começo deste século? Sabemos a resposta: apenas uma minoria tinha acesso às produções escritas: os religiosos, os bacharéis, os professores, funcionários públicos e alguns profissionais liberais. Desde os primeiros tempos, pois, a biblioteca se revestia de uma atitude discriminatória, favorecendo apenas a uma elite letrada para a qual os livros eram destinados, quer pelos assuntos tratados, quer pelas idéias que defendiam.

E Juiz de Fora não era diferente. O acesso aos livros era privilégio de pouquíssimas famílias que procuravam, zelosamente, transmitir aos filhos o hábito da leitura, muitas vezes, criando em casa uma pequena biblioteca.

> Hilda: Esses livros não era o governo que dava não. Meus pais iam muito ao Rio e então minha mãe trazia (...). Nós tínhamos uma bibliotequinha lá em casa, era particular mesmo. Eram livros que meus pais traziam para nós.

Apesar das dificuldades de acesso ao livro, a necessidade da instalação de bibliotecas escolares era sentida também pelas autoridades escolares. Em 1944, em pleno movimento escolanovista, Lourenço Filho afirmava:

> ensino e biblioteca são instrumentos complementares (...); ensino e biblioteca não se excluem, complementam-se. Uma escola sem biblioteca é um instrumento imperfeito. A biblioteca sem ensino, ou seja, sem a tentativa de estimular, coordenar e organizar a leitura, será, por seu lado, instrumento vago e incerto (1944, p.3-4).

Além da Biblioteca Municipal, surgiram em Juiz de Fora também as bibliotecas escolares. A escola se transformava na principal agência responsável pelo ensino do registro verbal da cultura. Ou seja, o acesso à leitura significava ter acesso à escola e nela obter as habilidades e os conhecimentos necessários à participação no mundo da escrita. Compreendidas, na época, como uma força para alcançar a meta educacional, as bibliotecas escolares tinham como objetivos participar de maneira eficaz na realização do programa escolar e proporcionar aos alunos os materiais e serviços necessários à pesquisa escolar, além de estimulá-los e guiá-los em todas as fases da leitura. As bibliotecas particulares, de algumas das instituições que surgiam em Juiz de Fora, tornaram-se ponto de referência.

> Cristina: Tinha uma biblioteca. Era assim um colégio modelo naquela época (Colégio Santa Catarina). A Academia de Comércio, o colégio Santos Anjos, o Stella Matutina e o Granbery, também eram os colégios assim... os melhores colégios, antigos e tradicionais, da cidade naquela época.

Entretanto, as bibliotecas escolares da rede particular, nem sempre atendiam as necessidades de seus alunos, principalmente no número e diversidade de exemplares.

> Hilda: Nesse sentido nós procurávamos a biblioteca do Stella que

naquela época não era muito rica. Atualmente é, naquela época não... estava no princípio do século quase... de maneira que era assim.

Também algumas escolas públicas possuíam boas bibliotecas.

Eunice: (...) na Escola Normal tem uma biblioteca onde eu estudei .

Edna: Quando eu trabalhava na delegacia (atual Superintendência Regional de Ensino) foram criadas muitas bibliotecas escolares, já com recursos, dentro de cada escola (...) A biblioteca do Clemente Mariano é uma biblioteca rica, enorme, há três ou quatro prateleiras da altura dessa minha sala, de livros de cima em baixo e eles são renovados.

Eunice: (...) lá havia uma biblioteca maravilhosa (Educandário Carlos Chagas). A diretora que me antecedeu não deixava os meninos entrar (...) uma sala do tamanho desse meu apartamento! (...) Tinha todos (livros). Tinha livro de formação, tinha romance, tinha livros de histórias, tinha livro de todo tipo.

Mas a realidade das escolas públicas mostrava, na maioria das vezes, o descaso com o espaço das bibliotecas. A ausência de bibliotecas parecia fazer parte de um "problema maior ", de desrespeito e omissão. A presença de boas bibliotecas escolares, freqüentadas por leitores assíduos e críticos, não seria um incômodo ao regime político então vingente?

Edna: Não tinha nem biblioteca, não me lembro de ter biblioteca (Escola Normal de São João Nepomuceno). Acho que não havia muita preocupação não.

A existência de boas bibliotecas era importante, mas também era necessário uma proposta de trabalho para que as bibliotecas escolares se transformassem em espaços de praxis crítica e criativa ao invés de um instrumento de alienação e de opressão. Concordamos com Polke (1973), quando afirma que:

> *(...) nenhuma outra instituição (escola) tem condições melhores para reunir e dinamizar material bibliográfico condizente com as aptidões da leitura das crianças do que a biblioteca escolar: a proximidade da sala de aula, a interação professor-aluno-bibliotecário, as orientações mais atuais do ensino que impelem a criança para a busca através de diferentes textos* (p.23).

Através das falas das professoras entrevistadas, percebemos que esta atuação mais ampla e profunda, no sentido de se buscar um maior espaço para o livro enquanto instrumento para a revolução no ensino, nunca foi alcançada. Em alguns casos, faltava na formação do professor ou do especialista, uma reflexão maior sobre a importância deste espaço educativo.

Eunice: Quando a gente precisava de um livro para uma determinada matéria, o professor nos orientava para que aproveitássemos os intervalos (...) ou ele resolvia que aquele horário X ou Y seria o horário de biblioteca (...). Aula de leitura era a biblioteca, o nosso reforço né? Começava desde a primeira série... eles liam lá dentro (da biblioteca) e a professora era a monitora deles.

Em outros, podemos também destacar o descaso das políticas públicas de educação que, não reconhecendo a biblioteca como peça necessária ao mecanismo social e cultural, colocavam-na sob a responsabilidade de educadores em fim de carreira e muitas vezes sem a formação adequada.

Cristina: A diretora me colocou mais porque já estava no fim de carreira, ela achava que eu não tinha mais energia, mais conhecimento para ficar na sala. Ela me colocou na biblioteca.

Um espaço de crescimento se efetiva então diante do improviso. Um espaço desorganizado e uma professora sem habilitação vão pouco a pouco se constituindo e se construindo.

Cristina: Eu adorei, era só livros assim muito velhos, tudo muito assim francamente desorganizado (...) Tinha vontade de organizar melhor, então fiz um cursinho lá no colégio Santos Anjos, com bastante sacrifício... Cataloguei o material que tinha no grupo, arrumei tudo direitinho, comecei a escrever para as editoras.

Desta experiência, que poderia se constituir num fracasso, emerge uma conquista; uma leitora confirma-se como tal.

Cristina: Mas quando eu estava lá como bibliotecária eu também li muitos livros, descobri muitas coisas boas.

Bibliotecas que ainda hoje são muito freqüentadas pelos estudantes e pela comunidade em geral, já o eram desde a década de 50 quando foram criadas. A biblioteca do SESI foi criada em 1951 e sua sede, que era na rua Marechal, ali ficou até 1958, quando foi transferida para o atual prédio, na Av. Barão do Rio Branco. A do SENAC, inaugurada em 1960, somente foi transferida para a sede definitiva na década de 70. Abertos ao público, estes espaços ofereciam mais uma oportunidade de acesso aos livros, como podemos comprovar pelo relato das professoras entrevistadas.

Ana: E eu também era sócia da biblioteca do SESC e do SESI.

Eunice: Já haviam bibliotecas (...) havia da prefeitura, havia também do SESI, SENAI, essa coisa toda aí é bastante antiga.

A realidade, que observamos em Juiz de Fora entre as décadas de 30 e 50, também não era diferente do que acontecia em cidades próximas como Mar de Espanha, Santos Dumont e Piau.

Algumas cidades já possuíam bibliotecas.

> Hilda: Tinha, sempre tive biblioteca inclusive lá em Mar de Espanha, era uma cidadezinha deste tamanhozinho mas era grande, prá frente mesmo. Tinha no máximo 4 mil habitantes e tinha uma biblioteca pública, não precisa falar mais nada.

> Cristina: Antes de ler muito as antologias havia uma biblioteca em Santos Dumont e eu morava lá em Rocha Dias, que é lá onde Santos Dumont nasceu (...) e eu era tipo uma sócia, eu participava e tirava os livros. Nós tirávamos muitos livros, nós não tínhamos um gosto muito apurado.

> Edna: Quando eu estudei, não, mas depois que eu comecei a lecionar já tinha formado a biblioteca (Piau).

Em outras localidades, foi preciso contar com a boa vontade e o interesse de pessoas anônimas mas que reconheciam o valor da leitura.

> Edna: E quando lá no Piau se formou a biblioteca, foi uma senhora, filha de lá, que ficou muito bem e doou uma biblioteca. Eu li a biblioteca toda. Depois não tinha mais nada para fazer no Piau.

> Hilda: Havia uma senhora lá (Mar de Espanha) que era parente do Doutor Simon Pinto, que foi Secretário do Interior, ela tinha uma biblioteca particular com livros de romancezinhos leves, livros de história e a gente pagava um tostão por mês e podia pegar os livros para ler.

Na história de cada uma das professoras entrevistadas, a biblioteca está presente, marcando as diferentes fases de sua vida: na infância, são os contos de fadas e fábulas: na adolescência, o "Tesouro da juventude", o "Conde do Monte Cristo" e os livros de M. Delly; na vida adulta, os livros de psicologia, filosofia e didática. Ainda hoje, quando as mestras, num exercício retrospectivo, trazem para o presente um pouco do passado, é com entusiasmo que se recordam das bibliotecas:

> Eunice: Minha biblioteca era bonita toda vida! Tinha de tudo! Tinha desde ABC a romances, historinhas em quadrinhos, tinha tudo aquilo!

As bibliotecas tiveram e ainda têm um papel muito significativo na história do homem. Nas palavras de Martins (1982): *"A aprendizagem da leitura liga-se por tradição ao processo de formação global do indivíduo, à sua capacitação para o convívio e atuação social, política e econômica"* (p.42). Elas são uma força e um fator que impulsionam a educação.

## Referências Bibliográficas

AGUIAR, V. T. de. Biblioteca e formação de leitores. In: *A formação do leitor: o papel das instituições de formação do professor para a educação fundamental.* MEC. São Paulo: Editora Moderna, 1994.

LOURENÇO FILHO, M. B. O Ensino e a biblioteca. 1a. *Conferência da Série Educação e Biblioteca.* Rio de Janeiro: Imprensa Nacional, 1944, p.3-4.

MARTINS, M. H. *O que é Leitura.* Coleção Primeiros Passos. São Paulo: Editora Brasiliense, 1982.

POLKE, A. M. A. A biblioteca escolar e o seu papel na formação de hábitos de leitura. In: *Revista da Escola de Biblioteconomia.* Belo Horizonte: UFMG, março, 1973.

# Formação de pro

## histórias de mulheres

*Um texto só é um texto se ele se oculta ao primeiro olhar, ao primeiro encontro, a lei de sua composição e a regra de seu jogo. Um texto permanece, aliás, sempre imperceptível. A lei e a regra não se abrigam no inacessível de um segredo, simplesmente elas nunca se entregam, no presente, a nada que se possa nomear rigorosamente uma percepção. Com risco de, sempre e por essência, perder-se assim definitivamente. Quem saberá, algum dia, sobre tal desaparição. A dissimulação da textura pode, em todo caso, levar séculos para desfazer o pano. O pano envolvendo o pano. Séculos para desfazer o pano. Reconstituindo-o, também, como organismo. Regenerando indefinidamente seu próprio tecido por detrás do rastro cortante, a decisão de cada leitura. Reservando sempre uma surpresa à anatomia ou à fisiologia de uma crítica que acreditaria dominar o jogo, vigiar de uma só vez todos os fios, iludindo-se, também, ao querer olhar o texto sem nele tocar, sem pôr as mãos no "objeto", sem se arriscar a lhes acrescentar algum novo fio,*

# sores:

# fessoras

**Maria de Fátima Cavalcanti Machado Cruz**[15]

*ca chance de entrar*
*jogo tomando-o entre*
*mãos. Acrescentar não*
*qui senão dar a ler.*
*reciso empenhar-se para*
*nsar isso: que não se*
*a de bordar, a não ser*
*se considere que saber*
*dar ainda é se achar*
*uindo o fio dado.*
*seja, se se quer nos*
*mpanhar, oculto. Se há*
*a unidade da leitura*
*a escritura, como hoje*
*pensa facilmente, se*
*itura é a escritura, esta*
*dade não designa nem*
*onfusão indiferenciada*
*n a identidade de todo*
*ouso; o é que une*
*itura à escritura*
*e descosê-las.*

Jacques Derrida

Compreender o processo pelo qual as professoras entrevistadas consolidaram sua formação profissional no contexto de nossa sociedade afirma para mim a necessidade de tentar historicizar essa trajetória. Impõe-se, assim, o cuidado de buscar atentar para os diferentes fios que formam o tecido deste intrincado processo de constituição do ideário feminino, imbricado nas questões econômicas, políticas e culturais de nossa história. Entendendo, como Lara (1996), que um processo cultural, como uma teia, é tecido de mil fios, muitos até imperceptíveis, compreendo que:

> *Não é possível enumerar todos os fios envolvidos na elaboração de um projeto cultural. Possível é, no entanto, para efeito de análise, indicar, distinguindo, dimensões específicas da realidade humana responsáveis por linhas de forças especiais - qualidade diversas de fios - a que devemos estar atentos, neste esforço de compreensão do processo cultural* (Lara, p.12).

Assim sendo, proponho-me a

[15] Mestre em Educação pela UFJF.

realizar, a partir dos textos construídos pelas professoras entrevistadas, um exercício de leitura, buscando o fio condutor das implicações culturais que envolveram o magistério feminino, com vistas a uma maior e mais detalhada compreensão do processo de formação profissional destas professoras.

Partindo da concepção de que a professora é um sujeito histórico, ativo, produto e produtor de cultura, na qual age, reage e interage, se constituindo na e com a dinâmica social, em cuja complexidade estão presentes contradições e antagonismos, torna-se necessário um mergulho na macro-história, na qual esta professora se insere e da qual emerge, como fruto do processo cultural, para então, buscar compreender a dimensão micro-estrutural constituidora do seu processo de formação profissional.

## 1- Nossas raízes históricas

A chegada dos portugueses ao Brasil implicou a adoção de um tipo de sociedade que se sobrepôs com força de dominação cultural à sociedade aqui existente, constituída por nativos seminômades em anterior estágio de desenvolvimento.

Opondo-se categoricamente ao modelo aqui encontrado, a cultura mercantilista portuguesa repudiou toda e qualquer possibilidade de colaboração, respeito e troca entre duas culturas - a estrangeira e a nativa - , assumindo a colonização caráter de aculturação radical.

Desejosos de transplantação da metrópole para a colônia, terra rejeitada e repudiada, em perene transitoriedade, os colonizadores pretenderam também a reprodução dos modelos de comportamentos metropolitanos, ignorando as peculiaridades e singularidades emergentes na nova sociedade, ou melhor dizendo, nas pequenas comunidades que se deparavam com o inusitado de situações existentes no além-mar (Romanelli, 1978 e Araújo, 1993).

Neste contexto, o *pater famílias* é semente que se espalha e ramifica com força, na consolidação das instituições que alicerçam a sociedade brasileira, consubstanciando com força hegemônica o primado da dominação e da subjugação nas várias esferas de nossa sociedade. Assim, o domínio econômico se exerceu na predominância do dominante sobre o dominado, na subjugação do despossuído ante o possuidor, o que, com força política, terminou por originar grandes distorções em nossa cultura.

Enraizados na tradição ocidental-judaica-cristã, os portugueses transportaram para a colônia a semente da dominação patriarcal, aperfeiçoada ao longo dos anos pelo sistema capitalista em ascensão.

> *O patriarcalismo que ensejava a intimidação misógina, pretendeu sujeitar o sexo feminino, pérfido na percepção masculina, às normas de obediência e sujeição ao pai, ao marido às normas elaboradas pelos homens (Araújo, 1993, p.117).*

Tal ideário, combinado com o passional costume mourisco de esconder suas mulheres dos olhos de outros homens, preservou na colônia a exigência de um severo confinamento feminino, cujo papel, à semelhança de Portugal, se reduzia à esfera privada de suas casas. É o que podemos constatar pelas palavras de Araújo (1993), referindo-se a relatos de viajantes que passaram pela colônia:

> *(...) as mulheres pouco se deixavam ver. Durante minha estada na cidade, vi as principais autoridades locais e muitas pessoas me visitaram; entretanto, não fui convidado, por quem quer que fosse, para festas e jantares, e não tive oportunidade de ver nenhuma senhora paulista ( p.111).*[16]

> *[ as mulheres] são de dar pena, pois jamais vêem ninguém e saem apenas aos domingos, no raiar do dia, para ir à igreja (p.192).*[17]

Esta era a mentalidade da época a qual se reflete nas palavras do Pe. Antônio Vieira (apud Miranda, 1993), que afirmava haver apenas três ocasiões, em toda a existência, em que a mulher de respeito poderia deixar o lar: para o batismo, o casamento e o próprio enterro.

O grande impacto do confinamento sobre o identitário feminino foi a aceitação de sua insignificação social visto ter seu papel restrito à esfera do doméstico, à condição de mera reprodutora, apenas um objeto do desejo masculino.

As palavras de nosso primeiro poeta, Gregório de Matos, são reveladoras deste ideário:

> *Para parecer mulher que poupa, não se descuide em remendar-lhe a roupa / irá mui poucas vezes à janela, mas as mais que puder irá à panela/; / ponha-se na almofada até o jantar, e tanto há de coser como há de assar.*[18]

A condição feminina não requeria muita preocupação com a formação da mulher. Bastaria que esta aprendesse as primeiras letras e cálculos aritméticos rudimentares que assegurassem o seu desempenho nas tarefas do lar. Neste contexto, faz sentido a cita-

[16] *Viagem à província de São Paulo*, p.167-8.

[17] *Relation d'un voyage...*, p.137.

[18] Em *Obra poética*, vol.2, p.1261-2

ção de Francisco Manuel de Melo na Carta de guia de casados (1651) registrada por Araújo (1993), que diz : *"as mulheres não precisavam mais do que as primeiras letras, portanto seu melhor livro é a almofada e o bastidor".*

Ainda em Araújo (1993), encontramos, sistematizada por Ribeiro Sanches (1754), uma referência à educação da mulher à qual se limitava aos moldes portugueses, em conformidade com o plano de *Educação de uma menina até a idade de tomar estado, no reino de Portugal:*

> *Seria necessário que uma menina ao mesmo tempo que aprendesse o risco, a fiar, a coser e a talhar, que aprendesse a escrever, mas escrever para escrever uma carta, para assentar em um livro que fez tais e tais provisões para viver seis meses na sua casa;.(...) Seria útil e necessário que soubesse tanto de aritmética que soubesse calcular quanto trigo, azeite, vinho, carnes salgadas, doces que serão necessários a uma família: escrever no seu livro os vários modos de fazer doces e a despesa, e prever o proveito ou a perda que pode destas provisões tirar uma casa...Não lhe ficaria uma janela ou a uma varanda, ler novelas e comédias e passar o tempo enleada na ternura dos amantes* (p.111).

Durante todo o período colonial, foi neste clima de repressão explícita e formal, o qual se evidenciava nos costumes, nas leis civis e eclesiásticas, que se constituiu o processo identitário feminino, fundamentado na apreensão dos diversos mecanismos de controle pessoal e social. Não haveria escapatória à mulher que não fosse a subjugação e submissão inconteste ao sexo masculino.

As palavras de Araújo (1993) reforçam essa conclusão:

> *Fora do casamento, no papel de santa mãe, não havia salvação, e mesmo aí, o preconceito permeava o cotidiano de várias maneiras e a todo momento, pois na sociedade colonial a mulher era vista em tentação permanente e, assim, podia ser potencialmente adúltera, feiticeira, enganadora, sibarita, repositório enfim de todos os males já presentes desde a primeira mulher, Eva, a Eva tentadora* (p.213).

Subjugada à superioridade ativa do sexo masculino, não é pois, de se estranhar que, somente alguns séculos após a chegada dos portugueses ao Brasil, a mulher venha a aparecer na história oficial. Um longo e sofrido processo permeado de submissão, coptação, transgressão e rupturas foi silenciosamente escrito até que ela pudesse se constituir em sujeito de sua própria história. Vale ressaltar que, embora alijada por tantos anos do processo cultural, foi principalmente através do magistério que a mulher brasileira pôde abrir caminho para o exercício de sua atividade profissional.

## 2- O MAGISTÉRIO NO PANORAMA NACIONAL



Um rápido exame ao longo da historia da educação brasileira revela que, durante todo o período colonial, o país se encontrava mergulhado na mais profunda ignorância; situação que persistiu até à Independência, como nos revelam as palavras de Berlinck (apud Freire, 1995):

> *Ao ser feita a Independência, a nascente nação via-se mergulhada na mais profunda ignorância: o ensino popular então existente não passava de umas tantas escolas salpicadas pelas capitanias. O ensino secundário público era dado nas chamadas "aulas régias" onde se misturava um ensino estéril e pedante de latim, grego, retórica, filosofia racional e moral e coisas semelhantes (p.50).*

Bruschini (1988), referindo-se ao processo de sistematização do ensino brasileiro, assim coloca:

> *Foi somente no século passado quando, após a Independência, o ensino, pelo menos a nível dos projetos e das leis, se tornou gratuito e extensivo a todos, inclusive às mulheres - que até então só tinham acesso à educação religiosa, nos recolhimentos e conventos - que surgiram as primeiras vagas para o sexo feminino no magistério primário. Como não se tolerava a co-educação e os tutores deviam ser do mesmo sexo de seus alunos, um espaço para a profissionalização feminina foi aberto, ao mesmo tempo em que se expandia a própria instrução da mulher ( p.5).*

É ainda Bruschini, que refletindo sobre a natureza deste avanço educacional, adverte:

> *Essa abertura, porém, era justificada em nome das funções maternas da mulher defendendo-se, simultaneamente, diferenças de gênero nos currículos: os das meninas davam mais ênfase à agulha e ao bordado do que à instrução propriamente dita. Assim, se de um lado a primeira lei do ensino (1827) representou um marco para a mulher, na medida em que ratificou seu direito á instrução, significou também um instrumento que acentuou a discriminação sexual, pois só admitia o ingresso de meninas na escola primária, não aceitava a co-educação nas escolas e reforçava as diferenças curriculares (Ibidem,* p.05)

Discorrendo em sua análise, a autora conclui pela permanência do sistema de segregação da mulher ao afirmar que : *"A maioria das mulheres - com exceção das de elite e talvez das dos poucos estratos ascendentes urbanos - não teve, de fato, muito acesso à escolaridade nesse período"* (Ibidem, p.5).

Na verdade, a profissionalização feminina no Brasil, aconteceu em decorrência das profundas transformações econômicas e sociais pertinentes à nova fase da produção capitalista monopolista que aqui se iniciava. Dando início ao processo de industrialização brasileira, com a substituição da mão-de-obra escrava pelo trabalho assalariado, o novo modelo econômico possibilitou o aparecimento da classe operária em nossa sociedade bem como o alargamento da classe média em decorrência da mudança do eixo econômico do setor agrícola latifundiário para o agrícola-industrial-exportador (Romanelli,1978).

É nesse momento de grandes transformações que a cidade de Juiz de Fora, palco de nossa pesquisa, começa a escrever, de maneira peculiar, a história de seu desenvolvimento no cenário nacional.

## 2.1- Salve a princesa de Minas, salve a bela Juiz de Fora, que caminha na vanguarda do progresso, estrada à fora...

Originada na abertura do "Caminho Novo", que ligava a zona da mineração à cidade do Rio de Janeiro, Juiz de Fora na verdade, é fruto da expansão cafeeira do Vale do Paraíba, localizado na província do Rio de Janeiro, que atingiu São Paulo e posteriormente, a Zona da Mata mineira (Oliveira, 1994).

Impulsionada pela gradativa acumulação de capital proveniente da lavoura cafeeira e pela proximidade do centro das decisões administrativas, o Rio de Janeiro, o certo é que Juiz de Fora foi aos poucos absorvendo influências culturais diferentes daquelas inerentes à província da mineração, adquirindo com isso, feições cosmopolitas. As palavras de Christo (1994), apontam essa ligação com o ciclo metropolitano daquela cidade:

> *E mais importante do que a distância física entre Juiz de Fora, Rio, Ouro Preto e, posteriormente, Belo Horizonte, se coloca a natureza de sua urbanização. Enquanto as cidades barrocas se formam e se guiam pelos sinos das igrejas, a população de Juiz de Fora teve sua vida normatizada pelos apitos das fábricas de estilo neo-clássico e o bater dos tamancos de seus operários de ambos os sexos e diversas nacionalidades (p. 10).*

Tendo se tornado, ao final do século XIX, a mais próspera cidade da Zona da Mata, um importante posto de armazenamento e venda de café, com significativa capacidade financeira, Juiz de Fora experimentou um imenso desenvolvimento econômico capaz de assegurar a continuidade de seu crescimento quando do desgaste da lavoura cafeeira.

Neste contexto desenvolvimentista, surgiu na cidade um profundo desejo de modernização, que se propagou por todas as esferas de decisão posto que, "o desejo de civilizar-se se transforma na obsessão coletiva da nova burguesia. Cultua-se a iniciativa privada, a inovação, a civilização" (Christo, 1994, p.12). Tal ideário, ao se constituir em projeto, consolidaria a permanência hegemônica das classes dominantes, pois como coloca Lara:

> *Todo projeto humanístico nasce do bojo de determinada cultura; e nasce das contradições que a originam e sustentam. É algo de complexo. É resultado de acomodações sociais, vingadas historicamente. Antes de poder se impor, como valor, teve de fazer, para si, caminho difícil, entre tateios e refugos. Uma vez aceito, é força hegemônica, que colabora na manutenção da realidade social que o tornou viável* (Lara, 1996, p. 37-38).

A partir desse reflexão, torna-se possível compreender o papel desempenhado pela educação em nossa cidade, atrelada, desde os primórdios, aos interesses e expectativas das classes dominantes, compostas de fazendeiros e industriais, que se afinavam em torno desse projeto modernizador, capaz de assegurar as condições necessárias ao desenvolvimento de seus empreendimentos.

As palavras de Christo (1994) reafirmam esse raciocínio:

> *Se o processo de retenção do capital é acumulativo, a produção cultural segue o mesmo caminho. A hegemonia opera ao mesmo tempo como direção política e cultural, não se restringindo a cultura a mero instrumento de comunicação e conhecimento* (p.56).
>
> *É importante educar o trabalhador, é importante educar a cidade toda, mostrando as "comodidades" da civilização. A cidade, como sinônimo de iniciativa e progresso, vence* (p.79).

Se de um lado vão sendo obtidas as condições necessárias ao progresso da cidade, tal modernização aponta para a dualidade antagônica de sua face: uma modernização voltada para a ampliação do parque industrial e, paradoxalmente, a exclusão das crescentes camadas empobrecidas da população, que permaneciam analfabetas e desasistidas, padecendo e reagindo aos mesmos problemas que caracterizam os outros centros industriais, até que a necessidade de educá-las para o trabalho se tornasse uma exigência política como alternativa à escassez de mão-de-obra especializada.

Caberia, nesse momento, perguntar sobre os protagonistas desse projeto cultural. Se colocamos anteriormente as condições de descaso e descompromisso para com a educação por parte do Estado, como foi possível sistematizar tal projeto educacional? Sabemos que as iniciativas educacionais na época se restringiam à esfera do privado, voltadas para a formação da elite brasileira. Aos poucos, com o crescimento das classes médias urbanas, crescem as pressões em torno de exigências pela educação que vão possibilitar o aparecimento dos primeiros professores, unicamente do sexo masculino, reconhecidos como funcionários públicos, *"egressos, na maioria, das camadas médias urbanas cujas famílias buscavam mecanismos de ascensão social ou de manutenção do status e, que, tiveram na escolaridade seu grande trunfo social no contato com o habitus das classes dominantes"* (Christo,1994, p.50).

Com advento da República, tais pressões incidem sobre a necessidade de ampliação das oportunidades educacionais. Profundamente influenciados pelas teorias positivistas, que consideravam a mulher, naturalmente dotada da capacidade de cuidar das crianças, os líderes republicanos encaravam o magistério como profissão feminina por excelência, fato que iria repercutir sobre as medidas tomadas na área educacional (Bruschini, 1988). *O otimismo pedagógico* ou seja, a crença na educação como possibilitadora de igualdade de oportunidade para todos, veiculou na sociedade uma intensa busca pela escolarização como se a solução para as contradições e antagonismos da sociedade capitalista pudesse repousar apenas, em uma mudança de atitude mental. (Gandim, 1995).

Pessanha (1994) chama a atenção para a nova postura assumida pelas classes dirigentes, revelando uma sensibilidade à demanda das novas parcelas da população. Estas, incorporadas à economia capitalista urbana, voltaram-se para o novo estilo de vida o qual estimulava o consumo de bens industrializados. Este novo ideal de vida resultou em um desejo da população pelos benefícios da industrialização e pelo bem-estar social. Neste contexto, a exigência pela educação, vista como possibilidade de ascensão social, tornou-se uma exigência da classe média. Em decorrência dessa situação, e diante da carência de professores, visto que muitos deles abandonaram o magistério em busca de outras oportunidades e vantagens financeiras, a mulher foi chamada a completar o quadro de professores a fim de possibilitar a expansão educacional nas diversas cidades que se desenvolviam.

Podemos afirmar que a profissionalização feminina no magistério aconteceu, na verdade, a partir da segunda década do século XX. Até então, muitas das mulheres que abraçaram o magistério, motivadas muitas das vezes por situação financeira precária, o fizeram sem a devida formação e competência.

Como algumas de nossas entrevistadas iniciaram sua trajetória profissional no decorrer dos anos 30, busquemos pois, através de suas falas, compreender a especificidade do processo de profissionalização do magistério feminino em nossa cidade.



## 3- Contextualizando o Processo de Formação das Professoras

Tendo situado o contexto no qual foi sendo desenvolvida a educação, quando da expansão do sistema de ensino, caberia refletir sobre a formação da identidade das nossas professoras entrevistadas, tendo como referencial as palavras de Dominicé (apud Nóvoa, 1992), que enfatiza a necessidade das análises dos processos de formação serem realizadas com base em uma referência explícita ao modo como a pessoa viveu as situações concretas do seu próprio percurso educativo.

Partindo da convicção de que o processo de construção de uma identidade profissional é um processo histórico, que reflete o conjunto de transformações sociais, políticas, econômicas e culturais de uma determinada sociedade, entendo como Moita (1992), que:

> *Ninguém se forma no vazio. Formar-se supõe troca, experiências, interações sociais, aprendizagens, um sem fim de relações. Ter acesso ao modo como cada pessoa se forma é ter em conta a singularidade de sua história e sobretudo o modo singular como age, reage e interage com seus contextos. (...) O processo de formação pode assim considerar-se a dinâmica em que vai se construindo a identidade de uma pessoa. Processo em que cada pessoa, permanecendo ela própria e reconhecendo-se a si mesma ao longo da sua história, se forma, se transforma em interação* (p.155).

E foi buscando analisar o processo de formação destas professoras que me detive sobre suas falas, entendendo, como quer Bakhtin (1992), que *"compreender a enunciação de outrem significa orientar-se em relação a ela. Compreender é pois, dialogar, é opor à palavra uma contrapalavra".*

Analisando os dados obtidos em algumas das entrevistas, foi possível constatar que, mesmo no início do século presente, permanecia a distinção na formação de homens e mulheres e que a mulher ainda se achava privada de uma educação voltada para a formação profissional.

Ouçamos o que dizem algumas de nossas pesquisadas:

> (...) naquela época, no princípio do século, na cidade pequena era assim: os rapazes saíam para estudar, as moças não. Tinham que aprender a cozinhar e ficar em casa, nos trabalhos domésticos. Eu sempre tive uma vontade louca de estudar. Tinha inveja quando meus irmãos saíam, todos eles estudavam fora... são dois médicos, três advogados...

> Eles chegavam e eu começava a folhear os livros deles pra ver se aprendia alguma coisa... (Hilda)

> (...) e essa senhora era professora de trabalhos manuais porque quando eu entrei pra lá... meninas a bordar que ainda havia essa separação homem e mulher... (Eunice).

> Agora, enquanto as meninas aprendiam bordado e costura, os meninos iam para uma sala anexa ao grupo, chamada Escola Técnica, que era do próprio grupo, e onde tinha uns professores, nomeados pelo Estado... e lá os meninos faziam trabalhos de carpintaria. (Hilda).

Também foi possível perceber o momento da transição entre uma educação essencialmente doméstica a que as mulheres se encontravam submetidas, e a necessidade de incorporá-las ao projeto educacional da nação. Com grandes sacrifícios, nossas professoras iniciaram sua trajetória rumo à profissionalização:

> Eu fiquei alguns anos sem estudar...porque mulher não estudava fora, e lá em Mar de Espanha não tinha escola normal (...) acontece que os pais de Mar de Espanha também sentiam falta de um colégio para as meninas e fizeram uma campanha intensiva, uma pressão, e então, o prefeito que entrou lá criou a escola normal e nós entramos as quatro, eu e mais três irmãs de uma tacada só. (...) nós fizemos o curso de Adaptação, que era feito em dois anos, em um ano só, aulas seguidas... quase morri de tão magra que fiquei (Hilda).

> Vim de S. Paulo para ser criada com os tios... minha família era de descendência alemã...os imigrantes vieram morar ali... (...) Tirei diploma com distinção. Eu fui a primeira da família a entrar numa escola, para fazer um curso assim, de estudar como professora. Os outros se dedicavam mais à costura e à lavoura. Eles passavam por uma fase assim difícil porque os agricultores empobreceram, não tiveram muito apoio, muito explorados também... Aí entrei para o colégio Sta. Catarina. Fui bem nos estudos... Terminado o curso de adaptação, passei para o primeiro normal. No ano que ia me formar, meu tio foi transferido para o Rio... lá não aceitaram o programa, era diferente. Eu parei de estudar e como não ia estudar, a família achou melhor eu casar, já que não tinha mãe... (Cristina).

> Eu estudei até a 4a. série em Piau... eu fiquei um ano em Belo Horizonte com minha avó... nesse ano eu não estudei, após esse ano voltei e em 46 e 47 fiz o adaptação. [em regime de internato em Rio Novo]. Em 48 eu não estudei, foi o ano que fechou o colégio de Rio Novo. Em 49 eu fui para São João Nepomuceno... Fui morar na casa de D. Enoy de Souza, que era de Rochedo e mudou-se para S. João pras meninas dela estudarem... Eu estava numa paixão querendo estudar e minha mãe deixou (Edna ).

Ouvindo a fala de nossas entrevistadas, tornou-se possível compreender que o magistério foi, neste período, o único caminho possível para a maioria das mulheres brasileiras, sobretudo para aquelas pertencentes às camadas médias da população. Compreendi, também, que, a concepção do magistério, como profissão essencialmente feminina, permaneceu por vários anos em nosso imaginário cultural, como revela a fala de Ana, a mais nova de nossa entrevistadas, que ingressou no magistério em 1961.

> Ah, na minha época a gente só podia escolher o Normal. O pai não deixava a gente fazer outra coisa, a não ser assim: Contabilidade também alguns pais deixavam. Inclusive a Helena minha irmã, tinha horror de Magistério, mas meu pai obrigou-a a fazer o Magistério. Ela queria fazer Direito. Então eu acho que ela foi uma pessoa frustrada a vida inteira porque ela não fez o que ela gostava (Ana).

> Uma outra coisa que me marcou (isso vem à minha cabeça de vez em quando) que eu brincando lá no pátio uma vez eu falei assim: ainda vou ser professora dessa escola aqui. Eu era doida... Acho que se eu pudesse eu voltava a ser professora outra vez. Era vocação mesmo! (Edna)

> Quando eu iniciei, o professor era muito valorizado, foi no tempo da normalista... aquela música que saiu, linda: "Vestida de azul e branco, trazendo um sorriso franco..." foi nos anos dourados... "Minha linda normalista, não pode casar ainda, só depois que se formar"... (Edna).

> Eu desde pequena quis ser professora. Eu não falei com vocês mas lá em Mar de Espanha... Eu tinha treze anos, faltou professora, a professora ficou licenciada e eu fui chamada para substituí-la. A diretora me chamou, dei aula um mês, com treze anos. Ela disse que eu ia ganhar dinheiro mas esse eu não vi até hoje. (Hilda).

> Eu era contratada no grupo Duarte e Abreu. O nosso pagamento era feito de uma forma muito indesejada, mas, a gente tem que aceitar o que nos dão, né? O nosso pagamento era feito em Belo Horizonte. Eu ganhava 90 mil réis por mês, pagava um procurador e ele mandava quando ele queria mandar (Eunice).

Refletindo sobre a maneira como as professoras recebiam as decisões e determinações administrativas, compreendo que, embora a aceitação se desse em graus diferentes, o certo é que o controle sobre a atuação das mesmas pode ser amplamente obtido. Levando-se em conta que, neste período, os cargos de liderança eram eminentemente masculinos, reafirma-se a ideologia da domesticidade/submissão originada de nossa sociedade patriarcal. Tal situação influi, inclusive, na concepção que as professoras possuíam de si mesmas enquanto profissionais. Enquanto na escola os sistemas de gerenciamento e os procedimentos controladores iam se aperfeiçoando as professoras iam absorvendo a ideologia do profissionalismo, que faziam-nas pensar em si mesmas como mais profissionais à medida que correspondiam às expectativas vigentes (Apple, 1995). Nas palavras de Cristina:

> Eu sempre fui uma professora cumpridora dos meus deveres. Dei aula sem uma orientadora, seguindo o programa mínimo vindo de Belo Horizonte. Quando comecei dar aula, foi assim no " peito e na raça"... Eu não sabia métodos mas me esforçava para aprender nas reuniões com a diretora e as outras professoras (...) Cumpri com o meu dever com a maior dedicação. Cumpri com o meu dever com certeza, no que era da área da educação... (Cristina).

Prosseguindo com a análise das entrevistas realizadas, encontramos diversas falas que evidenciam uma concepção tradicionalista de educação a que foram submetidas quando ingressaram no sistema escolar. Tal concepção estava voltada para a obtenção de uma educação ingênua vinculada ao projeto pedagógico modernizador, patrocinado pelos fazendeiros e industriais, visando satisfazer a necessidade de um maior controle sobre o espaço urbano e a população (Christo, 1994). O objetivo de tal proposta educacional era a formação de mentalidades dóceis, disciplinadas e sensíveis a aceitação da ideologia capitalista.

> Na terceira série nós líamos Contos Pátrios. Eram contos muito interessantes... falando sobre a vida do Brasil, mas de um modo muito agradável... tinha muita poesia. Eram escritos poéticos de escritores da época. Na 4a. série era um livro chamado "A Pátria Brasileira"... Tinha um que eu adorava, que se chamava "Infâncias Célebres". Era sobre a infância de poetas, de pintores, de pessoas que se distinguiam... (...) e no colégio tinha muito canto, muitos hinos patrióticos. Tiradentes, por exemplo, tinha três hinos com letras diferentes (Hilda).

> A minha infância foi vivida na ditadura do Getúlio Vargas, aquele Estado Novo, aquele famoso Estado Novo, então vivia cantando hinos nacionalistas. Eu gostava das aulas de canto, tinha aula de canto todo dia. Era o hino nacional, hino à bandeira... (Edna).

Em estreita relação com este projeto modernizador, vamos encontrar nossas professoras envolvidas num contexto cultural voltado para os valores europeus, valores esses inerentes ao habitus das classes dominantes, as quais valorizavam a cultura não *"propriamente como 'trabalho intelectual',* produção, portanto, mas como 'ornamento'" (Pessanha, 1994, p.32). Como relatam nossas professoras mais velhas, o aprendizado de língua estrangeira, na época o francês, era parte integrante e obrigatória dos cursos de formação tanto para a rede particular quanto para a rede pública de ensino.

> Quando nós chegamos aqui em Juiz de Fora, eu vim muito satisfeita. (...) não sentimos dificuldade nenhuma porque na nossa escola normal também os professores eram muito selecionados. O nosso professor de francês, por exemplo, Messieur Miled, como nós o chamávamos, ele era libanês. Ele nos fazia escrever em francês, corrigia... tudo só em francês. Só falava francês. Quem não falava francês pagava uma multa (Hilda).

> Nós tínhamos o nosso professor de francês, que era autêntico mesmo, sabe? E ele era de uma autoridade tremenda... (Eunice).

Torna-se, também, possível afirmar que no exercício da prática pedagógica, nossas entrevistadas tenderam a reproduzir os valores que lhes foram passados por seus antigos mestres, dando continuidade a um tipo de educação desvinculada da realidade dos alunos. Convidadas a fazerem uma avaliação sobre o alcance da ação educativa na época de sua atuação, apresentam posicionamentos diferentes. Se para umas existe a consciência de ter desenvolvido uma educação funcionalista e mecanicista, para outras, as justificativas são baseadas nos determinantes sociais, deixando entrever em suas falas, o discurso liberal, individualista e meritocrático, que pretende explicar as diferenças entre as classes sociais exclusivamente pela capacidade individual. Falas como: *"Ah, isso dependia do aluno..."* ou *"eram meninos que não tinham muita expectativa de futuro, de lutar pela vida"*, refletem a distância entre a prática e as reais necessidades dos alunos.

Buscando interpretar a dimensão destes fatos na conjuntura educacional, reportamo-nos às palavras de Freire (1995), quando diz:

> *As heranças culturais têm um inegável corte de classe social. É nelas que vai se constituindo muito de nossa identidade cultural, que por isso mesmo, está marcado pela classe social de que participamos. A classe dominante, porém, devido a seu próprio poder de perfilar a classe dominada, primeiro recusa a diferença mas, segundo, não pretende ficar igual ao diferente; terceiro, não tem intenção que o diferente fique igual à ela. O que ela pretende é, mantendo a diferença e guardando a distância, admitir e enfatizar na prática, a inferioridade dos dominados* (p. 96).

Em decorrência da formação recebida e dos diversos fatores que consolidaram sua profissionalização, as professoras parecem não se dar conta do papel que desempenharam na educação, ao se constituírem, muitas das vezes, em expressões dos interesses dominantes.

Se, para aí, apontam as evidências, por outro lado, também nos mostram uma outra face, desvelada nas palavras da professora Vicentina, formada em 1960, década em que o país sofria os rigores da ditadura militar. Neste período, a sociedade brasileira vivenciava um acirrado processo de disputa entre os grupos conservadores, tradicionalmente aliados à classe dominante, e os grupos progressistas, empenhados na transformação da sociedade, voltados para a defesa das classes subalternas, numa proposta de rompimento com o modelo capitalista. E, foi neste contexto que Vicentina iniciou sua trajetória profissional, que pode ser caracterizada como uma caminhada de lutas e de reivindicações em prol da educação. Relato agora um pouco dessa história:

> Teria muita coisa assim pra contar porque... de repente, uma moça assim do interior, criada numa fazenda, aqueles princípios religiosos, o meu pai foi muito católico, toda a gente tinha que reunir pra rezar o terço, às seis horas da tarde, aquele regime de tradicional família mineira... então, de repente, eu saí pra minha vida de morar sozinha, de enfrentar minha vida, assim, numa época em que era um absurdo uma moça morar sozinha. E eu morei sozinha em Juiz de Fora, comprei meu apartamento trabalhando (...)
>
> Eu tive experiências de uma educação mais fechada... diretores da escola eram indicados politicamente... peguei uma parte do regime militar que não tinha nenhuma abertura e a educação tinha que ser voltada para os conteúdos que os militares gostariam que fossem ministrados como Educação Moral e Cívica, OSPB, atendendo aos interesses dos militares. (..) Você não tinha a sua liberdade, a liberdade de expressão, você era tolhida. (...) A liberdade é muito importante para o professor porque, além do conteúdo, ele tem que levar a sua vivência e, trabalhar com o aluno no sentido de que ele lute pela sua liberdade, pelos seus anseios, pela democracia. Então você não podia dar ao jovem aquela noção verdadeira de cidadania, que é lutar pelos seus direitos, pela sua condição de saúde, moradia, de alimentação. Porque isso tudo pertencia a um regime assim, fechado, a um regime que vigiava tudo, vigiava o espaço de todo mundo.
>
> Eu era jovem, não tinha a experiência e a bagagem que eu tenho hoje, Mas eu tive muitos enfrentamentos com relação à liberdade de um professor dentro de uma escola; e, sempre preocupada com o conteúdo, mas além do conteúdo, a gente... Eu sempre lutei por uma escola mais aberta, por uma escola aberta à comunidade, para o aluno, visando realmente, essa oportunidade de ter um entrelaçamento entre a comunidade e a escola.(...) O pessoal calava muito, as idéias foram surgindo depois...
>
> Mas eu vejo que a diferença era muito grande entre você ser formada, procurar desenvolver mais conteúdos do que na época de estudante.

> A gente comete muitos erros, mas erros que ajudam a gente a melhora, ajudam a gente a modificar (...) Então, você aprende muito com o aluno, aprende com as experiências duras. Aprendemos muito com o regime militar, aprendemos com as diretoras que pregavam a verdadeira ditadura... e agente aprendeu muito com elas; aprendeu que a gente, diante daquela pressão, diante daquela resistência de ceder o lugar para outro, a gente tinha mais é que lutar...

A análise das falas desta professora enfatiza a estreita vinculação entre teoria e prática, presente em sua história de vida. Foi através da palavra comprometida com as questões sociais, enunciada por diversos autores com os quais interagiu ao longo de sua vida, que Vicentina se constituiu educadora. Uma professora consciente da dimensão de sua atuação política, empenhada em uma prática que possibilitasse aos seus alunos a educação para a cidadania. Em meios aos conflitos e contradições, essa era a educação que lhe fazia sentido. Internalizando o pensamento de Bakhtin (1992), constato que esta professora pode, ajudada pelo eco de muitas vozes que se somaram à sua, num processo dialógico, de confrontação permanente, proferir sua contrapalavra, sua réplica. Entendendo que toda atividade mental é mediatizada pelo discurso interior, através do qual se opera a unidade com o discurso aprendido no exterior, Vicentina foi capaz de, em meio às contradições que vivenciava na escola, confrontar o discurso ideológico e, rompendo com ele, desenvolver o seu projeto educacional.

## Considerações Finais

Tendo traçado o panorama sócio-econômico cultural no qual se desenvolveu o magistério feminino em nossa cidade e região, foi possível compreender a partir do trabalho investigativo que:

* a escolha do magistério pela mulher brasileira teve determinantes sócio-históricos pertinentes à historicidade da constituição da mulher, que se deu à sombra da tradição patriarcal de nossa sociedade, com suas concepções e ideologias pertinentes às relações econômicas de produção capitalista;

* o encaminhamento da mulher brasileira para o magistério infantil foi, na grande maioria das vezes, circunstancial, resultante de um horizonte restrito de oportunidades e opções a que esta se achava sujeita no contexto do país;

* tendo recebido uma formação tradicionalista, desvinculada da realidade do país, mas, estreitamente relacionada ao projeto educacional necessário à implantação do sistema capitalista no país,

com sua exigência de modernização, as professoras tenderam a reproduzir, em sua prática, a elitização da sociedade, ao conceberem a educação de maneira ingênua e acrítica.

Parafraseando Apple (1988), diria que num tempo como o que vivemos atualmente, em que o Estado e o capital estão, novamente, procurando maneiras de controlar o trabalho cotidiano das professoras, com vistas ao crescente aprimoramento do projeto modernizador, na tentativa de obter a hegemonia sobre as classes trabalhadoras, não seria estranho terminar dizendo que o passado ainda está a nossa frente ou continua mais que presente

## Referências Bibliográficas

APPLE, M. Ensino e trabalho feminino: uma análise comparativa da história e ideologia. *Cadernos de Pesquisa.* São Paulo, n.64.p. 4 - 13. Fev. 1988.

_____. *Trabalho docente e textos: economia política das relações de classe e gênero em educação.* Porto Alegre: Artes Médicas, 1995.

ARAÚJO, E. *O teatro dos vícios: transgressão e transigência na sociedade urbana colonial.* Rio de Janeiro: José Olympio, 1993.

BAKHTIN, M. *Estética da criação verbal.* São Paulo: Martins Fontes, 1992.

CHRISTO, M. C, V. *A "Europa dos Pobres ": Juiz de Fora na Belle-Époque mineira.* Juiz de Fora: EDUFJF,1994.

BRUSCHINI, C. AMADO, T. Estudos sobre mulher e educação: algumas questões sobre o magistério. *Cadernos de Pesquisa.* São Paulo, n.64, p.4-13, fev.1988.

FREIRE, P. *Professora sim, tia não - cartas a quem ousa ensinar.* São Paulo: Olho d Água, 1995.

_____. *À sombra desta mangueira.* São Paulo: Olho dÁgua, 1995 (b).

GANDIN, L. A. *Educação libertadora.* Petrópolis: Vozes, 1995.

LARA, T. A. *A escola que não tive...o professor que não fui: temas de filosofia da educação.* São Paulo - Uberlândia : Cortez, EDUFU, 1996a.

MIRANDA, A. *Ser mulher: reflexões para o futuro.* São Paulo: Editora Abril, 1993.

MOITA, M.C. Percurso de formação e de trans-formação. In: NÓVOA, A.(org) *Vidas de Vidas de professores.* Portugal : Porto, 1992.

OLIVEIRA, M. R. *Juiz de Fora: vivendo a história.* Juiz de Fora: EDUFJF, 1994.

PESSANHA, E.C. A formação dos professores de primeiro grau:a

questão das determinações de classe na escolha da profissão. *Cadernos ANPED*, Belo Horizonte, n.7, p.9-40, dez.1994.
ROMANELLI, O.O. *História da Educação no Brasil* - 1930/1973 . Petrópolis: Vozes, 1978.

# A prática pedag
# das professora
## resgatando históri

*Esta profissão precisa de se dizer e de se contar: é uma maneira de a compreender em toda a sua complexidade humana e científica. É que ser professor obriga a opções constantes, que cruzam a nossa maneira de ser com a nossa maneira de ensinar; e que desvendam na nossa maneira de ensinar a nossa maneira de ser.*

Antônio Nóvoa

gica

vida

**Ana Paula de Oliveira Guedes**[19]
**Celeste Aparecida Dias e Sousa**[20]

## Apresentação

Buscamos interpretar o longo percurso profissional das professoras pesquisadas a partir da reconstrução da prática docente feita pelas suas próprias vozes, pois *"as vozes de todas as gerações, de hoje como as de ontem precisam ser ouvidas"*(Kramer, 1994, p.105). Precisam ser ouvidas porque estas vozes, através da linguagem, revelam toda uma peculiaridade cultural, permitindo que ocorra o entrelaçamento do passado com o presente, uma vez que o homem não faz história simplesmente começando de novo e ignorando os feitos de seus antecedentes. *A história só é possível quando o homem não começa sempre de novo e do princípio, mas se liga ao tra-*

---

[19] Aluna do Curso de Pedagogia da FACED/UFJF, bolsista PIBIC/CNPq por ocasião da pesquisa . Atualmente é aluna do Mestrado em Educação da UFJF.
[20] Mestre em Educação pela UFJF.

*balho e aos resultados obtidos pelas gerações precedentes* (Kosik,1976, p. 218).

Portanto, todo o trabalho das professoras entrevistadas projeta-se no presente e este, reconstruído, serve de base para a recriação do futuro. Cada um destes momentos históricos, portanto, mantém uma unidade pela via das múltiplas vozes, sem, entretanto, perder sua singularidade. Não são estágios estanques e isolados da história da humanidade, mas fios tecidos com materiais culturais de diversas naturezas, conforme sejam as características de cada povo e de cada época.

> *Nenhuma época histórica é, em absoluto, apenas uma passagem para um outro estágio, assim como nenhuma época se eleva acima da história. A tridimensionalidade do tempo se desenvolve em tôdas as épocas : se agarra ao passado com os seus pressupostos, tende para o futuro com as suas conseqüências e está radical no presente pela sua estrutura (Kosik, 1976, p.217).*

Assim, de posse das histórias de nossas entrevistadas, professoras que ingressaram no magistério entre os anos 30 e 60, vamos ousar, pela palavra escrita, puxar o fio que dá acesso a esse material cultural com o qual as professoras teceram suas histórias de vida. Assim como Clarice Lispector (1994), temos *"medo de escrever. É tão perigoso. Quem tentou, sabe. Perigo de mexer no que está oculto..."* (p.19) .

Porém temos que nos lançar nesse perigo. Perigo com sabor de desafio, de desatar o fio, puxá-lo. Sabemos que, como diz Nunes (1990), temos de *"puxar o fio devagar; senão rebenta"*(p.46). Principalmente quando se trata de um fio puxado a duas mãos, cada uma com sua singularidade. Encontrar a ponta desse fio e tecê-lo em forma de texto dialogado não é nada fácil e exige de nós a leitura e releitura constante do que está sendo escrito. Apesar das dificuldades, *"essa possibilidade comum de nos lermos antes de escrever talvez melhore o que escrevemos, porque nessa interação podemos nos transformar no momento mesmo do diálogo"*(Freire & Shor, 1986, p.14). Essa transformação pode ocorrer tanto no plano do pensamento como da expressão escrita dele porque, *"na medida em que, enquanto falamos, somos o leitor um do outro, leitores de nossas próprias falas, o que ocorre aqui é que cada um de nós é estimulado a pensar e a repensar o pensamento do outro"*(Ibidem, 1986, p.13-14). Logo, estaremos exercitando a superação da dificuldade de uso da língua escrita, ao mesmo tempo que aprendendo a respeitar o outro, sua subjetividade.



Pretendemos, neste texto, dialogar com as professoras entrevistadas (Vicentina, Cristina, Eunice, Ana, Edna, Hilda e Aurea), a fim de compreender a presença da prática pedagógica em suas histórias de vida. Levantamos as seguintes questões, após realizarmos uma leitura refletida das entrevistas: Por que escolheram ser professoras? Quais os entraves, os desgastes e esperanças destas professoras durante todo o tempo em que atuaram? Quais as características da sua prática pedagógica? O que leram para se fundamentarem teoricamente? Qual o papel do educador segundo a ótica destas professoras? Qual a influência do momento histórico vivido na prática pedagógica das mesmas? Que tipo de relação estas professoras estabeleciam com seus alunos e colegas de trabalho? Fundamentadas nestas questões, dividimos o texto em três momentos: 1- O processo de entrada das professoras no Magistério; 2- 25 anos de atuação: construção e reconstrução de um percurso; 3- As interações no trabalho: vivências de autoritarismo e de afetividade.

## 1- O PROCESSO DE ENTRADA NO MAGISTÉRIO

> *Através da continuidade e da ruptura com formas de dizer já estabelecidas, quem narra vai esboçando o próprio contorno, vai se dando conta das migrações do seu desejo, vai se surpreendendo com o próprio rosto.*
>
> *CLARICE NUNES*

Vamos iniciar, resgatando o processo de implantação dos grupos escolares - atuais escolas estaduais - em Juiz de Fora, no Estado e no País, já que aí está o locus central do exercício de magistério das nossas mullheres-professoras. A criação dos grupos escolares pelo Estado se encontra vinculada ao processo político-econômico e coincide com um período em que o País arranca em direção ao investimento na economia urbano-industrial. No início do século, expande-se a discussão sobre a necessidade de criação de escolas primárias rumo ao combate ao analfabetismo. Nesta época, a explosão das teorias da administração científica - taylorismo e fordismo - do campo da economia para os demais setores da sociedade é intensa. A meta básica de tais teorias é o controle total de todos os setores de uma empresa através de um gerenciamento com mão de ferro. A educação se transforma num dos alvos de seu alcance. A escola organizada conforme o modelo fabril inicia sua expansão no País atendendo às próprias reivindicações das propostas de reforma da época:

*O ponto principal da proposta de Estevan de Oliveira reside na construção dos grupos escolares onde tudo fosse cuidadosamente planejado, à semelhança da fábrica, para que o professor, "esvaziado" de qualquer iniciativa, tivesse, como produto de seu mourejar, a formação de futuros trabalhadores igualmente submissos* (Christo, 1994, p.142).

Juiz de Fora, na época, ocupava um lugar de cidade pólo em Minas Gerais e muito próxima da então capital do País, o que certamente favoreceu a criação de muitas escolas estaduais na primeira metade do século, com estrutura organizacional e metas que não fogem às regras das demais escolas brasileiras. Segundo Christo (1994), o primeiro grupo escolar do Estado instalou-se em Juiz de Fora em 1907, tendo como *"missão moralizadora e civilizatória a formação de bons cidadãos e bons trabalhadores, através do ensino de 'coisas' concretas, da aceitação passiva da autoridade, da internalização de bons hábitos de higiene e trabalho"* (p.142). Após a criação desta primeira escola, em 1907, muitas outras são criadas, em diferentes épocas, conforme narram nossas entrevistadas:

> Havia lá [Bota n'água] um começo de grupo, que por sinal foi doado por um (...) coronel chamado Carvalho. Ele começou a formar o grupo lá. (...) E o grupo foi aumentando, então foi dada a idéia de se criar um no Vitorino Braga que é um extremo. (...) Aí começamos a fazer a matrícula no Vitorino Braga. (...) Então a gente procurava as famílias e passava aquelas listas, pegavam quantos filhos tinham, até obter um número grande para obter a matrícula na escola. E logo que começamos o grupo era pequeno, era uma casa velha aproveitada. Depois é que foi transformada (Eunice).

> Fomos trabalhando nesse sentido, aí apareceu o grupo Antônio Carlos, que é mais ou menos da mesma época. (Eunice).

> Então eu fui muito bem na 4ª série (...) Quando fui para tirar diploma, na ocasião de revolução de 30, a gente sentiu muito isto tudo, eu ouvia falar muito no rádio. Governo novo, grupo escolar novo [grupo Escolar Antônio Carlos ], modelo na cidade (Cristina).

> E aí esse grupo foi inaugurado, o Professor Lopes. A diretora lá era D. Noemia Nascimento, que foi professora do grupo Central (...) deve ter sido fundado em cinqüenta, cinqüenta e um, por aí ...(Cristina).

É interessante observar que no momento de matricular alunos para a fundação de escolas, os professores se empenham de corpo e alma. Tão logo sua instalação ocorre seus dirigentes assumem o controle do processo pedagógico. Este controle é considerado como sendo uma *"organização do trabalho com base em uma nova compreensão pedagógico-administrativa, própria ao ensino moderno"* (Christo, 1994, p. 115). Em outras palavras, a organização pedagógico-administrativa taylorista de origem americana é considerada naquele contexto histórico como inovadora e moderna. Por isso, às vezes, é confundida com progressista, o que contribui para reforçar a expansão de tal modelo na educação. Neste modelo, ainda segundo Christo (1994):

> *mais do que uma direção superior, o professor estaria submetido a uma nova dinâmica: a exigida pelo cumprimento de um programa alheio às suas vontades íntimas, e em um prazo de tempo pré-determinado. A divisão e hierarquização do trabalho (concepção, direção, execução) seria a verdadeira forma de submissão do professor* (p. 115).

Por isso, é interessante tratarmos também do processo de escolha profissional e da entrada das entrevistadas para o magistério entre as décadas de 30 a 60, momento em que, ao mesmo tempo que certamente sofrem o drama do controle burocrático do gerenciamento científico em seus trabalhos, as mulheres brasileiras conseguem algumas conquistas e reivindicam para si o direito de serem sujeitos construtores da História. Entre estas conquistas, o direito de voto. Conquistas estas que representam a reivindicação das professoras por se humanizarem e participarem do processo de humanização do outro. O exercício do magistério, por si mesmo, explicita isso. Mas a opção por esta profissão parece se definir já no momento do nascimento: se for menina, o cargo máximo de ocupação profissional a ocupar é o de professora. Mesmo assim, nossas mulheres-professoras buscam, em seu papel de educadoras, a realização de si mesmas, a humanização.

> *O que o homem realiza na história? O progresso da liberdade? O plano providencial? A marcha da necessidade? Na história o homem realiza a si mesmo. Não apenas o homem não sabe quem é, antes da história e independentemente da história; mas só na história o homem existe. O homem se realiza, isto é, se humaniza na história* (Kosik, 1976, p.217).

E Ana vai dizendo:

> Ah, na minha época a gente só podia escolher o Normal. O pai não deixava a gente fazer outra coisa (...) às vezes você faz uma coisa que nem tanto você gosta, mas acaba tomando gosto por ela. Foi o que aconteceu comigo. Eu gostava de dar aula, mas eu achava muito pouco também.

Pela voz da Ana, as professoras demonstram que não se contentam em ser simplesmente professoras. Elas têm desejos, necessidades e sonhos, além das expectativas profissionais. Antes mesmo de se formarem, já atuam pensando na conquista da emancipação:

> Eu já trabalhava antes [de ser formada], eu já trabalhava antes como substituta, contratada, eu estudei trabalhando porque eu paguei meus estudos. Assim eu quis ser independente muito cedo e aí eu trabalhava para sustentar meus estudos, então eu já tinha a minha sala de aula (Vicentina).

Esse desejo de independência e realização parece representar uma força motriz na vida destas professoras, que enfrentam muita luta para conseguirem a garantia de seus empregos. Parece um processo de luta pela vida. Com um sorriso no rosto, elas sobem e descem os morros das periferias e andam de casa em casa à procura de alunos para matricular e formar suas turmas.

> Então várias professoras de lá [Vitorino Braga] (...) começamos a arrumar matrícula para menino. (...) Então a gente procurava as famílias e passava aquelas listas, pegavam quantos filhos tinham até obter um número grande para obter a matrícula na escola (Eunice).

> Eu comecei em 52 e peguei a primeira série. Aí tem um caso interessante: lá em Piau, as crianças não iam para a escola, era muito difícil a conscientização de que era necessário fazer as quatro primeiras séries; então eu e minha mãe fazíamos um trabalho de ir nos morros, na periferia pra convencer as mães de colocar as crianças na escola. Tinha que fazer esse trabalho porque se eu não fizesse não tinha aluno pra mim. Então a gente entrava nas casas conversava e conseguia convencer as mães de matricularem as crianças e aí formou uma classe para mim de 1ª série (...) É, mas valeu a pena, não só pelo benefício da criança, mas também pelo meu início profissional. Aí eu não parei mais (Edna).

> Quando comecei foi no Jóquei... quem começa pega as turmas piores. Comecei com a pior. A escola era uma casa velha, as salas apertadas, não podia falar alto pra não atrapalhar as outras (Ana).

Mas não são todas as professoras que enfrentam estas dificuldades. Percebe-se uma ausência de política para a contratação dos professores. Enquanto algumas enfrentam uma série de entraves, outras assumem salas de aula, através da intermediação de alguém ligado ao poder da sociedade política.

> O seu Lopes um dia me telefonou e falou: Eunice? Você ainda quer um lugar? [no grupo central]. Falei: quero sim senhor, estou precisando.(...) Então ele falou assim: (...) a senhora vai ter que trabalhar no pátio porque foi feito uma classe extra só de menino repetente e eles já estão repetindo há três anos... e eu vou lhe dar essa classe, a senhora aceitaria? É no pátio. Respondi: Perfeitamente. Existem meninos? Existem. Então eu vou para essa classe. No dia seguinte eu comecei (Eunice).

> Eu estava desanimada mesmo... aprendi corte e costura. Mas aí o que

aconteceu: quando foi um belo dia, uma contemporânea de colégio minha chama-se Lourdes Romualdo Silva mandou um recado: pra eu vir aqui no grupo Almirante Barroso. E eu vim de trem, mal arrumadinha! Me lembro até da roupa que eu vim... Ela perguntou se eu queria lecionar. Acho que ela soube que eu sempre batalhei, que a gente estava preparada naquele colégio quase formada, né? As professoras eram quase todas leigas naquela época (Cristina).

Nós procuramos a diretora... que o papai tinha um grande amigo em Belo Horizonte que tinha sido secretário do interior, Dr. Estevão Pinto, que deu o nome ao grupo que eu estudei. Então falou com ele que estava com quatro filhas normalistas desempregadas, brincando né? E ele falou assim: *eu vou escrever para a diretora do grupo Antônio Carlos que é minha amiga e eu a nomeei também, quando mocinha.* Escreveu e ela mandou chamar todas as três e só eu fiquei as outras não quiseram (Hilda).

Mas na época que eu comecei a trabalhar no Estado era dificílimo arrumar lugar pra trabalhar. Só arrumava lugar pra trabalhar quem tinha algum conhecido. Não era como hoje. Era com política também. Se o pai conhecesse alguma diretora, ela arrumava pra você. Se você não tivesse conhecimento, não arrumava. Então eu só comecei a trabalhar no Estado em novembro de 64, porque que o meu pai conheceu um irmão de uma diretora no Jóquei (Ana).

E não é só isso. Leigas ou recém-formadas, e inexperientes, as professoras assumem as classes consideradas pela escola como as mais difíceis de serem trabalhadas. Essas situações por elas enfrentadas constituem verdadeiro rito de iniciação da profissão. Se o superam, continuam como professoras. O rito de iniciação ocorre não só no momento da contratação como também no início da prática. A vontade de acertar é grande e, para isso, as vivências fora dos muros da escola ocupam um lugar ímpar.

Quando comecei dar aula, foi assim no "peito e na raça"... Tirava assim de dentro de mim. Eu não sabia métodos. Só depois que estudei na Escola Normal foi que aprendi, mas me esforçava para aprender nas reuniões com a diretora e as outras professoras (Cristina).

Aí eu comecei com muita coragem. Não sabia nada nem métodos modernos... Eu observava minha classe, tipo BR. Naquele tempo classificava de acordo com o repetente...Eu perguntava para a diretora, então ela me deu o programa mínimo, me deu tudo. Comecei a aplicar o que tinha aprendido, o que tinha conseguido a aprender com a prática, com a minha vida, né... Como ensinei muita gente particular, eu tinha ensinado muita gente a ler (Cristina).

Isto revela que a leitura do mundo feita pelas professoras,

muitas vezes, sobrepõe-se às leituras das teorias pedagógicas. Também a imitação de ex-professoras se torna um valioso procedimento na vida delas.

> Eu sempre quis ser igual a ela, uma boa professora igual a ela. Excelente. Nunca encontrei assim erros, de vez em quando ela dava...mas porque que ela tá gritando hoje e tal. De vez em quando eu gritava também, de vez em quando, eu dava uns gritinhos bons. Mas aí aquele grito dela às vezes... huuuu tal... era uma alerta, era uma chamada (...) E ela foi excelente, tinha muita didática, muita psicologia e... foi uma pessoa... e uma solteirona incrível (Vicentina).

Esse procedimento da imitação *"não é mera cópia de um modelo, mas reconstrução individual daquilo que é observado nos outros"*(Oliveira, 1993, p.63). Dentro dessa perspectiva vygotskyana de imitação, nossas entrevistadas buscam em suas ex-professoras a fonte inesgotável de experiências pedagógicas que podem ser recriadas à luz de suas próprias interpretações. São as gerações que se intercambiam através de seus vividos, é o passado e o presente se entrecruzando pelo processo de imitação. Kramer, parafraseando Benjamin, entende que "na memória capaz de resgatar o passado reside a possibilidade de se escutarem os ecos das vozes que foram emudecidas, e a partir desse resgate é que poderá se realizar o encontro secreto que está marcado entre as gerações precedentes e a nossa" (1994, p.49).

Nossas mulheres-professoras, graças à ativação da memória, puderam resgatar e imitar secretamente suas ex-professoras. Mas a prática delas não é também imitada? Certamente, muitas de suas ex-alunas que se tornaram professoras, as imitam. Porém tais experiências não ficarão mais restritas às suas ex-alunas, pois, a seguir, torná-las-emos públicas. Por meio da linguagem escrita, suas vozes vão ecoar na memória de todos que terão acesso a este texto.

## 2- 25 ANOS DE ATUAÇÃO: CONSTRUÇÃO E RECONSTRUÇÃO DE UM PERCURSO

> *Qualquer que seja a arte, a ciência, a literatura, a história, a geografia de uma cultura, cada homem tem que ser o seu próprio artista, o seu próprio cientista, o seu próprio historiador, o seu próprio navegador...*
>
> *Jerome Bruner*

A prática pedagógica, no momento histórico do trabalho das entrevistadas, é marcada por um excesso de métodos e técnicas, característica do movimento de Escola Nova. Apesar da dificuldade de acesso a bibliografias, as discussões pedagógicas ocorridas no mundo na primeira metade do século chegam até nossas professoras. Nas histórias narradas por elas, fica clara a influência desses pensamentos pedagógicos em suas práticas:

> Fiquei oito anos trabalhando como professora alfabetizadora e o processo de leitura que eu iniciei foi o global de contos. Tinha o jogo de cartaz, era aquele da Lili. Olhem para mim. Eu me chamo Lili... (Edna)

> Eu dava ditado, composição. Naquela época já estava mudando a composição. [...] A composição era feita com apresentação de gravuras bonitas ou então a professora destrinchava um texto para depois o aluno escrever sobre aquele assunto (Ana).

> Lembro que quando comecei lecionar lá no grupo, me deram uma classe que tinha passado para o segundo ano e não sabia ler. É que tinha, naquele entusiasmo pelos métodos novos, uma professora técnica muito entusiasmada pelo método de Decroly. Era Decroly pra cá , Decroly pra lá... (Hilda)

O método global de contos, criado por volta de 1910 nos Estados Unidos, consiste numa reação contra o método sintético e o fônico. A proposta, de acordo com Araújo (1972), é formar a atitude fundamental, ou seja, *"levar a criança, através de toda a aprendizagem, à idéia de que ler é um meio de descobrir o sentido da página impressa"*(p.6). Há, por parte dos administradores e professores, uma preocupação quanto à utilização desse método. Em sua atuação como orientadora técnica, Hilda declara:

> Antes de dar o método global, nós procuramos formar uma equipe. (...) Nós formamos uma equipe de 4 professoras, treinando com elas como aplicar o método global.

A seqüência, ou melhor, o modelo a ser seguido torna-se o grande segredo para garantir o sucesso de uma classe alfabetizada ao final do ano letivo. Apresentam-se "as historietas" que seriam decoradas e depois divididas em elementos cada vez menores: orações, expressões, palavras e sílabas, sendo que as crianças deveriam reconhecer as palavras individualmente. Por isso, a necessidade dos treinamentos citados por Hilda. Porém, mesmo havendo treinamento, é evidente, na fala da Hilda, um certo receio, e porque não dizer, uma certa resistência mesmo por parte de alguns professores daquela época, quanto à aplicação deste método:

> Porque existia uma idéia péssima porque falavam que o método global era só para criança inteligente. E não é, é para qualquer criança, umas eram mais lentas outras menos lentas ou mais rápidas, mas o método serve para qualquer tipo de criança não apenas para criança inteligente (Hilda).

É possível que a resistência seja um dos fatores que, por volta da década de quarenta, influencia uma série de transformações na estrutura do método global de contos. A análise feita por Araújo (1972) a respeito da revisão das técnicas de aplicação do método de contos, demonstra dois processos distintos, o "antigo" e o "novo" e ainda declara que *"ambos são recursos válidos do ensino de leitura bastante difundidos no Brasil"*(p.22). A própria Hilda tenta comprovar a eficácia desse método:

> E essas 4 professoras [do grupo Antônio Carlos] que nós treinamos foram espetaculares na alfabetização, muito boas mesmo. Todas pelo método global.

Parece-nos que, naquele contexto, o método global se apresenta como inovador, pois seu objetivo é o reconhecimento da palavra como um todo significativo, sendo que o vocabulário continua apresentado nos textos, *"nas histórias tão do agrado infantil"* (Araújo, 1972, p. 22).

> Eu comecei a aplicar o método global de contos, esse da Lili que eu te falei, eu acho que eu vivi junto com eles aquela euforia, aquele entusiasmo, uma coisa nova... (Edna)

Poderia ser inovador, mas nossas mulheres-professoras demonstram estar em busca de uma prática que considere mais o contexto cultural de seus alunos. Elas rompem com a camisa de força dos metodologismos universalistas e abstratos e reivindicam para si o direito de criação e recriação de formas metodológicas participativas, significativas e contextualizadas. O direito de definir, elas mesmas, a forma e o conteúdo de suas práticas. Implicitamente, elas querem dizer que "(...) *existe para cada forma cultural uma exigência de radicação na imanência de processos históricos determinados, já adquiridos. Mas existe também a exigência de transcendê-los"*(Lara, 1996, p.48).

> Eu lembro[ quando alfabetizava ] que a gente estudando os girinos eu peguei a classe toda fui para um córrego que tinha no fim da cidade e fomos pegar peixinho, nós entramos na água, professora e alunos, saímos cheios de lambari, pusemos na sala e ficamos observando ali. Pra mim também era uma descoberta que eu vivificava com eles essas experiências (Edna).

O método A, B, C, de alfabetização é explicitamente repudiado por Eunice que não se satisfaz simplesmente substituindo-o por outro modelo. Vibra ao se declarar criadora de seu próprio método:

> Vinha a cartilha [do Thomas Galhardo], vinha a alfabetização, vinha a lousa, naquela época era chamada lousa e não quadro negro, então eu fazia um desenho, por exemplo: eu botava a palavra gato, ensinava a

palavra, eu falava outra palavra que tinha a mesma letra inicial da palavra gato...gado, gado. E outra com a palavra P, eu ía assim, não ficava assim A, B, C... detestava aquilo (...) Por minha conta eu alterava tudo.

Mas não são apenas os métodos de alfabetização que estas professoras sentem necessidade de reinventar, e, sim, a prática pedagógica da época. Diversos motivos contribuem para tal necessidade. Um deles é a natureza da estruturação dos livros didáticos, descrita aqui por Edna:

Tinha o livro didático, mas era um livro diferente desses que estão aí. Só tinha a leitura, o texto. Não tinha exercício não. A professora é que inventava exercícios. Os livros vinham com histórias menores, até que ia aumentando pra 2ª, 3ª e a 4ª . O livro só tinha era um mini-vocabulário.

Outro motivo é a dificuldade de acesso aos livros para fundamentação teórica e mesmo aos livros didáticos. Muitos educadores se sentem até estimulados a escreverem seus próprios livros didáticos a partir de suas vivências docentes, mesmo tendo de enfrentar sérios desafios no momento da publicação.

Eu me lembro que nós usávamos lá no grupo [Antônio Carlos] foi uma coleção que a Áurea fez... ela fez um pré-livro chamado "Foguetinho Colorido" foi exatamente quando o homem foi à lua e ela aproveitou assim e fez a história, modéstia à parte, um livro muito interessante. Ela fez esse pré-livro depois fez a leitura intermediária e primeira, segunda terceira e quarta série (Hilda).

A fala de Anna ao reinventar sua prática pedagógica merece uma reflexão:

Eu [atuando como supervisora] falei: Gente, eu acho que não pode ficar assim: ou 8 ou 80 não. Tem que dar um pouco de leitura silenciosa e um pouco de leitura oral também (...) Então eu falava com as professoras: Olha, vocês têm que dar leitura oral desde o início, mesmo com a leitura suplementar, primeiro a leitura. Vocês vão olhar as palavras que eles ainda não conhecem. Porque às vezes a gente fazia leitura suplementar e tinha umas palavras que os meninos não conheciam porque ainda não tinham estudado. Depois vocês vão dar uma leitura silenciosa, vão fazer a interpretação dessa leitura com eles e depois não esquecer de dar a leitura oral. Então mandar alguns alunos lerem oralmente. Porque eu acho que falta isso também(...) Então porque é uma coisa antiga não quer dizer que não é uma coisa boa. Eu acho que a gente tem que ver o lado bom de tudo: do que é antigo e do que é novo.

O que nós podemos pensar a partir dos termos antigo e novo? Ana nos reporta a Gramsci. Ele escreve sobre a escola ativa, em 1932, o seguinte:

> *Ainda se está na fase romântica da escola ativa, na qual elementos da luta contra a escola mecânica e jesuítica se dilataram morbidamente por causa dos contrastes e da polêmica: é necessário entrar na fase 'clássica', racional, encontrando nos fins a atingir a fonte natural para elaborar os métodos e as formas* (1991, p.124).

A voz da Ana levanta uma calorosa discussão em torno de palavras tais como antigo e novo, clássico e tradicional. De sua voz, ecoa a idéia de que é perigoso perder de vista a finalidade da ação pedagógica em função de métodos e técnicas modernos aparentemente neutros e inofensivos. Ela nos desperta para a existência de algumas atitudes clássicas na educação, no sentido gramsciano do termo, e que, portanto não devem ser descartados como tradicionais e antigos. Saviani (1991) nos ajuda compreender melhor essa idéia de Ana quando define: *"Tradicional é o que se refere ao passado, ao arcaico, ultrapassado. (...) Clássico é aquilo que resistiu ao tempo, logo sua validade extrapola o momento em que ele foi proposto"* (p.103). Ana desperta em seus colegas de trabalho a necessidade de não perder de vista o fim maior do trabalho com a leitura e a escrita, ainda que para isso tenham de usar métodos e técnicas acusados de antigos. E que métodos e técnicas, por si mesmos, não são nem tradicionais, nem novos? Que métodos e técnicas podem ser recriados a partir dos objetivos que se pretendem sejam alcançados?

Ainda que não tenham muitas leituras especificamente pedagógicas, as professoras buscam oferecer oportunidades ao aluno para falar a sua palavra e para pensar o seu pensamento:

> Eu estava lembrando ontem como a criança é interessante. Eu uma vez fiz uma provinha para eles e coloquei assim: Suzete é a cachorrinha de Joãozinho, e depois ... só que a Suzete é a cachorrinha da Lili, não é? E depois havia umas perguntas para eles responderem. Todos eles erraram, puseram não. E depois conversando come eles eu disse assim: escuta aqui meu anjo - eu sempre comentei as provas com eles - e disse escuta aqui, então leiam aqui pra vocês verem, e tornaram a ler. Mas então de quem é a Suzete? Não era de Joãozinho, mas aqui, Suzete é a cachorrinha de Joãozinho... Ah! Mas é que a senhora errou. Suzete era a cachorrinha da Lili (risos) (Hilda).

Nessa dimensão educativa que respeita a subjetividade, o processo pedagógico enxerga o erro como ponto de partida para o acerto e não como sinônimo de fracasso. Diante de tal perspectiva ,

> *os erros, as dúvidas dos alunos, são consideradas como episódios altamente significativos e impulsionadores da ação educativa. Serão*

*eles que permitirão ao professor observar e investigar como o aluno se posiciona diante do mundo ao construir suas verdades.(...)Pensar como o aluno pensa e porque ele pensa dessa forma, não é tarefa costumeira dos professores" (Hoffmann, 1991, p.20-1).*

O avanço que nossas mulheres-professoras conseguem implementar em suas vidas de educadoras é resultante da construção de suas histórias de vida, de suas leituras de mundo em sua globalidade. Leituras que se caracterizam mais pelos tipos literários e jornalísticos do que pedagógicos. A freqüência com que estas sete professoras lêem e a diversidade destas leituras, desde os textos jornalísticos, até aqueles estimuladores da imaginação, revela que não apenas lêem, mas respiram palavras. Não palavras especificamente pedagógicas, mas palavras-mundo, palavras-imaginação. E por isso ampliam-lhes as possibilidades de criação e recriação da prática pedagógica, cuja história demonstra que:

> *Há muitos fatores que influenciam ao modo de pensar, de sentir e de atuar dos professores ao longo do processo de ensino: o que são como pessoas, os seus diferentes contextos sociais em que crescem, aprendem e ensinam* (Holly, 1992, p. 82 ).

Uma atitude muito valorizada pela sociedade capitalista centra-se no processo de seleção e classificação das pessoas pela competência. Atitude que se traduz em prática em todos os espaços da vida, desde a mais tenra idade. Entretanto, Eunice tem uma percepção aguçada do nível de discriminação desumana de tal valor capitalista. Em sua sala de aula, ela prefere valorizar a troca entre as crianças com suas singularidades, oportunizando relações mais ricas em desafios de aprendizagem e desenvolvimento.

> Eu jamais fiz uma fila com meninos adiantados e meninos atrasados, era todo mundo: hoje vai ser a fila A, B, C e D... MAS TUDO MISTURADO... então quem vocês querem chamar? Eu fazia eles participarem muito sabe? Eu jogava de um bolo mesmo comigo, tanto que as historinhas eram todas participativas, todo mundo dava a frase.

Algumas de nossas mulheres-professoras se revelam leitoras não só da palavra, mas também da realidade de sua época. São mulheres contemporâneas de seu tempo histórico. Mulheres que anunciam e denunciam. Anunciam implicitamente que o papel do educador reside na transformação da pessoa em cidadão, na formação do leitor da palavra alcançada através da leitura do mundo. A leitura da palavra e a leitura do mundo são trabalhadas simultaneamente, numa dança dialética do ir-e-vir entre elas. Às vezes também anunciam denunciando, ao mesmo tempo que denunciam anunciando. Como conseguem isso numa época em que não era comum denúncias de exploração de minorias?

Algumas professoras denunciam a triste realidade de interrupção precoce dos estudos de seus alunos.

> Nos grupos escolares, a maioria não continua a estudar, então a gente queria fazer com que eles tivessem meios de eles mesmos sozinhos poderem mais tarde ... evoluir né? (Hilda)

> Então, de vez em quando, a gente encontrava uma pessoa pra fazer a seguinte observação: "mas como seus alunos são politizados"... era uma coisa que eu fazia questão é que eles não fossem alienados, essa minha preocupação era maior do que até transmitir conteúdos pra eles. Porque havia aluno, ali dentro da minha sala de aula, que não tinha condição mais... pela cabeça, pelo nível dele, ele não tinha condição de fazer um curso no segundo grau. Ele ia parar ali mesmo, então, se ele ia parar por ali mesmo, o máximo que eu poderia fazer é ensinar a ele ser cidadão a lutar pelos seus direitos, a conquistar o seu lugar, a conquistar o seu espaço respeitado (Vicentina).

E anunciam aos alunos os direitos de cidadania, instigando-os a ultrapassarem os muros do saber escolar e oferecendo-lhes possibilidades de fazerem a leitura crítica do mundo a partir de situações do seu próprio cotidiano. Fica explícito que, *"na relação pedagógica o que se aprende não é tanto o que se ensina (conteúdo), mas o tipo de vínculo educador-educando que se dá na relação"* (Garcia, 1983, p.346).

> Eu sempre ensinei ao aluno que ele tivesse coragem porque isso era um retorno, seria uma obrigação nossa de oferecer isso pra ele por causa dos impostos, mostrava pra eles que os impostos estava em tudo que o pai comprava, que mãe comprava. Até no próprio... a caixa de fósforos uma coisa tão simples, dava sempre esses exemplos de caixa de fósforos. "Vocês estão vendo aqui oh, uma caixa de fósforos, vocês acham que isso é muito barato, é uma das coisas mais baratas"... eu citava isso como exemplo... é uma das coisas mais baratas que nós podemos encontrar, mas se você vai lá e compra uma caixa de fósforos, dentro do que você pagou naquela caixa de fósforos, está embutido o imposto que você pagou, e esse imposto que tem que retornar para vocês em saúde, em educação, em escola de melhor qualidade, em prestação de serviços, assistência médica melhor"... então você ia trabalhando esses conceitos pequenos, simples ia mostrando que ele tinha direitos. Ia aproveitando o dia a dia quando surgia algum problema e que, às vezes, ele estava precisando de algum caderno na escola e que a diretora... não agora você não está precisando, então eu mostrava, eu buscava esse caderno mostrava porque era um direito dele ter essa assistência, era um direito (Vicentina).

Elas denunciam também a transferência de responsabilidades na educação dos filhos da família para a escola, ao mesmo tempo que anunciam afeto e diálogo por meio de vivências do cotidiano escolar. Porém, suas ações acabam por reforçar a atitude das famílias:

> Ele vê em você a continuidade do lar dele e vê em você uma mãe, então você tem que corrigir coisas que caberiam à família ou à mãe fazer, o modo de assentar, de falar, às vezes até o modo de andar, até o modo de portar, isso tudo você corrige, como se você fosse mãe deles, isso aí... é a coisa que vai aparecendo todo dia na sala de aula, uma coisa que você precisa falar, por exemplo, eu me lembro que às vezes há pessoas que vê com determinadas atitudes quando ele está começando a despertar para o sexo né. E começam... ficam horrorizadas quando vê aquelas coisas, eu conduzia com mais naturalidade (Vicentina).

Por entre as denúncias dos desgastes da profissão, gerados pelas más condições de trabalho e pelas lutas constantes por maior valorização profissional, são pronunciadas palavras de orgulho que falam da dedicação em suas histórias de professoras.

> E no fim da carreira você realmente pára porque tem que parar, não porque você está com o conteúdo ultrapassado, com métodos ultrapassados, você pára porque a profissão traz um desgaste muito grande para o profissional e isso aí você, ás vezes, é obrigado a parar porque não agüenta mais... ministrar mais as suas aulas com aquele mesmo entusiasmo de quando você começou a carreira, o que é uma pena porque apesar de você começar a carreira com todo fôlego, você ainda é um estudioso na questão, você vai aprender no dia a dia, e você chega no final pelas condições de trabalho que enfrenta dentro das escolas, pela luta que a gente tem travado ao longo dos anos, vai proporcionando a você um desgaste muito grande e você está com uma bagagem muito boa para transmitir, mas aí o cansaço já faz você parar (Ana).

> No fim da minha carreira já não tinha saúde, sem paciência, a família era grande, muitos problemas, mas sempre procurei fazer meu trabalho com a maior dedicação. Cumpri com meu dever, com a maior dedicação. Cumpri com meu dever com certeza (Cristina) .

Apesar dos desgastes gerados pelas lutas de anúncios e denúncias, a dedicação e o amor à profissão são tão intensos que elas se tornam professoras cuja aposentadoria as obriga a sair da escola. Entretanto, a escola não sai delas, pois continuam a ensinar em casa, nos sindicatos, nas associações. Ampliam suas práticas pedagógicas para além dos muros da escola. É uma questão de vida mesmo: o profissional, o ser humano e o cidadão são interfaces de uma mesma totalidade, *"não é apenas uma parte de nós que se torna professor"* (Ashton-Warner, in Holly, 1992, p.82).

Sabe, aí eu aposentei em 1977. Mas eu não parei de ensinar. Ensinei meu neto que fugiu da escola. Aprendi o método Alfa para ensiná-lo (Cristina).

[Após aposentadas] Eu trabalho com pessoal aposentado (...) não só aposentado mas trabalho também com o pessoal aí da ativa, visito escolas quando as escolas solicitam. A gente está sempre fazendo visitas às escolas pra levar o nosso apoio, pra levar a nossa... levar para as escolas os informes que vem de BH e como que tá... dá um posicionamento como é que tá a nossa situação no momento, o que é que tem que ser feito, estudar um cronograma de atividades (...) que a gente vem desenvolvendo todo mês. (...) E a gente desenvolve um cronograma de atividades pode ser um estudo, pode ser um seminário tudo voltado para nossa situação atual, é negociações com o governo, é campanha salarial, essa questão... (Vicentina)

Nunca me aposentei de verdade porque continuo ajudando. Se tem um grupo que precisa de uma palestra educativa me pede eu vou. Eu faço palestras educativas pela associação do câncer porque eu sou uma das fundadoras da ASCOMCER (Eunice) .

## 3- As interações no trabalho: vivências de autoritarismo e afetividade

Iniciamos essa parte, falando da natureza das relações que se estabelecem entre as mulheres-professoras e as instituições educacionais. A história da prática pedagógica das escolas brasileiras se apresenta entrelaçada com os interesses sócio-político-econômicos, uma vez que interesses divergentes e até opostos chocam-se entre si, através de ações e discursos. No bojo destes entrechoques, reside a possibilidade de uma situação se transformar no seu contrário, brotando daí verdades, em vez de apenas uma verdade absoluta.

O contexto histórico de atuação das nossas professoras vai desde o autoritarismo visível da ditadura do Estado Novo, passa por momentos pseudo-democráticos e volta à ditadura, pelo regime militar, a partir de 1964. Quase não há diferenças entre eles no que diz respeito ao exercício do autoritarismo nas questões educacionais: são imposições de leis e resoluções que afetam, além do setor administrativo, o pedagógico. Este controle é visível nas narrativas das professoras:

Peguei uma parte do regime militar que não tinha nenhuma abertura (Vicentina).

Durante vários anos quem avaliava o nosso trabalho era a secretaria de educação. Então vinham as provas, os testes, né? Lacrados, chegavam no dia da aplicação, o inspetor distribuía pelos grupos e cada grupo não aplicava teste no seu próprio grupo não é? Era em outro grupo pra evitar que houvesse desonestidade (Hilda).



> O programa vinha de Belo Horizonte. Um programa mínimo que as diretoras organizavam com as professoras, elas distribuíam assim na reunião aquele programa mínimo mensal. As provas também vinham de Belo Horizonte. Quando eu trabalhei aqui no professor Lopes - eu me lembro que vinha coisas que nem as professoras sabiam . Às vezes as professoras que aplicavam a prova, porque tinha as observadoras, tentavam soprar e os alunos escreviam os maiores absurdos, porque não tinham ouvido falar daquilo, né? Então as provas vinham de lá. Era um rigor mesmo! Aqueles alunos que conseguiam uma média, nem que fosse assim sofrido, eram considerados muito inteligentes. Às vezes a prova não tinha nada a ver com o programa que vinha (Cristina).

> Mandou [o governo] o programa, eu li assim né?...mas não liguei muito pro programa não né, continuamos a dar como estávamos habituados e as professoras...e o governo, eu estava em Belo Horizonte e fui aplicar [a prova] em um grupo lá em Belo Horizonte. Quando eu vi a prova...pensei: misericórdia! Estamos perdidos, lá em Juiz de Fora ninguém deve ter respondido nada. Porque basearam tudo em experiências e nós não fazíamos experiência nenhuma (...) Perguntou assim: você sabe o que é biruta? E os meninos puseram assim... doidinho, cabeça maluca... (risos) (Hilda).

> Passei por pressões... inclusive me transferiram... uma transferência ex-ofício porque, não pelo fato de eu ser relapsa em sala de aula porque nessa matéria não encontraram nada, mas pela minha rebeldia em relação aos superiores, delegada de ensino, sempre tive um enfrentamento com esse pessoal todo era assim, era tida dentro da delegacia de ensino como uma pessoa rebelde (Vicentina).

Observa-se aí a *"trajetória piramidal, de cima para baixo, que as decisões educacionais percorrem para chegar à base, onde estão educadores e educandos"* (Fusari, 1992, p.14). Dessa forma, além de controles burocráticos, vindos dos órgãos centrais de educação, estes impõem às escolas estratégias de vigilância às práticas pedagógicas, na intenção de ditar aos professores o tipo de aluno que deve se formar nas escolas brasileiras. Tais episódios reportam a Fontoura (1992), quando ela diz que *"o professor nunca está sozinho, nem mesmo na classe com seus alunos. As exigências da instituição (... ), a pressão social, as solicitações do exterior inscrevem-se cada vez mais no sistema relacional professor/aluno e influenciam cada vez mais o acto pedagógico"* ( p.176 ).

> O trabalho nosso era todo controlado pela direção da escola, né? (Eunice)

De lá [ da Escola Normal ] eu vinha, vinha de trenzinho chamado Xangai, que ainda existe, né, descia ali, descia no grupo, as professoras que vinham no trem comigo se atrasassem, o trem atrasasse dois minutos, elas voltavam. Não tinham coragem de chegar no grupo sabe, era aquela disciplina aquela coisa de horário, né, a diretora muito exigente, né? (Cristina)

Uma vez uma diretora queria a soma da freqüência anual e naquele dia tinha uma prova de física e química. Eu estava precisando de nota... fui a reunião antes da prova que a prova era mais tarde um pouquinho. Eu fiz errado ... não era daquele jeito..., aí fui fazer a prova com a cabeça voando... com medo... E ela falou: Esteja à meia noite, no Jardim Glória com o livro de chamada (Cristina).

O que eu lembro dessa época é que no dia 31 de março tinha que comemorar a data na escola. e isso era horrível pra gente porque o Golpe de 64 foi uma coisa tão assim... abrupta, né? Nem o povo entendia direito o que havia acontecido. Então as professoras na escola tinham até dificuldade de comemorar esta data e os militares, o Governo Militar, obrigava a escola a comemorar o 31 de março em grande escala. Era feriado, mas naquela semana você tinha que comemorar. E para as professoras passarem isto para os alunos, o que tinha sido a revolução de 64, ficava até difícil. Parece que elas nem entendiam direito, porque o que foi passado era assim: Ah, porque a revolução de 64 aconteceu porque o comunismo queria entrar para o Brasil e os militares então tomaram o poder pra impedir que o comunismo viesse pra cá. Mas elas mesmas não sabiam explicar direito o que que era aquilo. Parece até que não tinham nem maturidade para entender aquilo (Ana).

A educação tinha que ser voltada pra ministrar conteúdos que os militares gostariam que fossem ministrados como Educação Moral e Cívica, OSPB tudo voltado para ...atendendo aos princípios pregados pelos militares, então , eu vivi essa experiência que foi uma experiência, assim, não muito agradável para a educação, porque você não tinha sua liberdade de expressão, você era tolhida, qualquer coisa você corria o risco de ser... chamado na quarta região militar para depor. Tinha essa coisa toda que você nunca poderia trabalhar com (...) mais liberdade (Vicentina).

Diferentes interesses chocam-se com os interesses dominantes, gerando novos discursos e ações. Assim, algumas professoras buscam romper com a estrutura repressora de seu contexto, preocupadas com a autonomia da própria escola em definir ela mesma seu perfil e o tipo de formação que pretende possibilitar a seus alunos:

Não tinha a experiência e a bagagem que eu tenho hoje. Mas eu tive muitos enfrentamentos com relação à questão de liberdade de um professor, dentro de uma escola, e sempre preocupado com o conteúdo, mas além do conteúdo a gente... eu sempre lutei por uma escola mais aberta para a comunidade, para o aluno visando, realmente, essa oportunidade de ter um entrelaçamento entre a comunidade e a escola, né? (Vicentina)

No decorrer de algumas narrativas é evidente como as professoras, reivindicam liberdade para transformarem velhos saberes e práticas, ao construírem elas mesmas, suas histórias de educadoras colaborando na formação de sujeitos também capazes de intervir na realidade histórica:

A liberdade é muito importante para o professor porque ele tem que transmitir, além do conteúdo, ele tem que levar um pouco de sua vivência e, exatamente, trabalhar com o aluno no sentido de que ele lute pela sua liberdade, pelos anseios, pela democracia... Então a questão de cidadania você nunca poderia dar ao jovem aquela noção verdadeira da cidadania; que é lutar pelos seus direitos, e pela sua condição de moradia, de saúde, de alimentação. Porque isso tudo pertencia a um regime assim, fechado, a um regime que vigiava tudo e vigiava o espaço de todo mundo (Vicentina) .

E neste sentido,

*a função de professor não mais poderá limitar-se à função de transmitir um patrimônio adquirido. Da responsabilidade do professor relativamente ao exercício de uma nova cidadania que concilia a valorização das culturas específicas e a aceitação das diferenças decorre a exigência de abandonar velhos saberes e velhos procedimentos e "misturar-se" com a vida* (Fontoura, 1992, p. 175).

Por outro lado, ao assumir uma função considerada hierarquicamente superior numa estrutura organizacional, percebemos que algumas de nossas entrevistadas tendem a exercer seu papel de maneira repressora, inconscientemente. É como se o autoritarismo já tivesse se tornado natural, de forma tal que não existem outros tipos de relações a se estabelecerem entre os seres humanos:

Agora as provas do grupo eram feitas por mim e pela Áurea, não era pela professora. Nós dávamos o programa, dizia assim: você vai ensinar isto. Então, dentro daquele programa que nós tínhamos dado a cada mês, nós fazíamos as provas (Hilda).

Então quando eu fui trabalhar como supervisora eu lembro que foi naquela fase que davam muito valor à leitura silenciosa. Eu comecei a observar as minhas professoras. Eu era obrigada a mandar dar leitura oral porque elas não davam. Elas só davam importância à leitura silenciosa (Ana).

As narrativas das professoras fazem pensar na questão da completude do ser humano. A completude da pessoa inclui a afetividade como uma característica que lhe é peculiar. Como é impossível separar a pessoa do profissional, as relações que se estabelecem entre os educadores para troca de experiências e conhecimento, são, inevitavelmente, acompanhadas de afetividade. A afetividade é um sentimento que provoca possibilidades de ruptura com as relações repressoras e de nascimento das interações em que todos os sujeitos tenham direito ao eco de suas vozes. Ana, ocupando um cargo hierarquicamente superior ao de professor - de supervisora -, aprende a ser flexível através da relação que estabelece com suas professoras.

> Eu aprendi a ser flexível, porque não adianta você exigir se ela não vai fazer. E aquelas que falam que vão fazer são as piores. Essas que não fazem mesmo. Aquela que discute com você ainda é capaz de fazer. São as mais preocupadas (Ana).

Relações estas mediadas por uma linguagem que propicia trocas recíprocas, desafiadoras de construção de uma história fundamentada em verdades, em vez de verdade. Lembramo-nos aqui de Jobim & Souza (1996), em sua leitura de Bakhtin, quando ela diz:

> *a unidade do mundo está nas múltiplas vozes que participam do diálogo da vida e da história. Assim como não há nem a primeira nem a última palavra, também não existe nem a primeira nem a última verdade, mas verdades que se constituem na linguagem e por meio dela, continuamente ao longo da história* (p.136).

Quantas verdades podem brotar das interações temperadas de afetividade e que ecoam nas vozes das professoras:

> A gente aprendia com as colegas mais experientes, elas passavam atividades. Já na outra escola peguei uma sala ruim, mas a diretora orientava (Cristina).
> Eu fazia plano de aula, levava material, conversava com a colegas...tinha os livros e os programas mensais, as datas cívicas... (Cristina)

> Eu chamava as professoras e falava assim: Então você vai acompanhar a fulana na classe dela, a minha vice-diretora vai ficar na outra classe, nós vamos ficar dois dias ou três com essas meninas, para que elas aprendam como se portar dentro da sala, como reagir às brincadeiras (Eunice).

Simultaneamente aos entrechoques repressão-liberdade institucional, as mulheres-professoras atuam num contexto em que também não se reconhece o sentimento de afetividade como uma das condições fundamentais para o aprendizado. As relações vivenciadas de forma unilateral e verticalizada em contexto familiar, governamental e de trabalho autoritários muito contribuem para a anulação de uma das partes que deveria ser um sujeito singular e com identidade própria. Em vez disso, o interlocutor em potencial é transformado em subserviente sem palavra e sem pensamento próprios. Apesar de todo esse ambiente desfavorável, algumas conseguem romper com tais relações frias e autoritárias. Procuram criar um ambiente de afeto e participação em suas aulas, por um lado, fugindo às características da pedagogia tradicional predominante em sua época, e por outro, não caindo no perigoso *laissez-faire* pedagógico que despontou junto com a implantação da Escola Nova nas escolas brasileiras neste mesmo momento histórico.

> (...) os meninos todos participavam... hoje a história vai ser coletiva, cada menino vai contar um pedacinho do que está vendo. Os órgãos sensoriais do menino estavam participando: eles ouviam, eles falavam, eles comentavam e depois nós escrevíamos (Eunice).

Estas professoras conseguem trabalhar aulas mais participativas. Neste contexto interativo, é impossível negar a presença da motivação nos alunos e na professora. Motivação gerada no momento mesmo da participação e não antes dela, pois assim seria uma forma muito antidialética de entendê-la. *"A motivação faz parte da ação. É um momento da própria ação. Isto é, você se motiva à medida que está atuando e não antes de atuar"* (Freire & Shor, 1986, p.15).

Motivação. Motivo para a ação. Para a ação pedagógica. Sentimentos que a motivam? O principal deles, com certeza, é a existência da afetividade. É o que revela Eunice quando narra a razão de seu sucesso na alfabetização de todos os alunos de uma classe repetente e considerada difícil de trabalhar.

> É porque eu gostava deles. O que é importante ao professor é amar o que está fazendo. Se ele detestar, como eu vejo professores falarem hoje comigo, vêm aqui e falam: D. Eunice eu detesto lecionar... então porque que continua deixando os meninos sem aprender, sem ter afago seu?

Eunice parece intuir que *"a transmissão do saber exige racionalidade, precisão, rigor, enquanto a motivação, conquista efetiva dos alunos, supõe uma relação afectiva, aberta, com o menor número possível de constrangimentos"* (Fontoura, 1992, p. 176). Ela faz uma síntese de motivação, afetividade e construção cognitiva. E dessa síntese surgem sujeitos com auto-estima positiva, sujeitos felizes por vencerem a si mesmos. Também Vicentina e Ana revelam a afetividade presente nas interações com seus alunos:

> Essa relação com o aluno é a coisa mais maravilhosa é uma troca, parece que ele lhe transmite tanto amor, tanta coisa que você esquece o resto do mundo. Você tá entendendo? É muito bom você estar com o aluno dentro da sala de aula, como isso é rico, é rico demais. Isso

compensa todo o sacrifício que a gente faz para ser professor, isso é gratificante, você esquece até o seu trabalho de fome, esquece tudo. É muito bom bom que você vive intensamente o seu papel de educador, de amiga, de ... isso que você colhe de experiências com eles, é mais uma construção que você faz, aí você constrói alguma coisa p'ra sua vida e você deixa...você passa assim marcando a sua presença porque o governo esquece, as autoridades esquecem, mas aquele aluno, ele sempre a encontra na rua, lembra de você, lhe aborda... você marca mesmo, você deixa sua marca (Vicentina).

Tive meninos muito levados, levados mesmo, mas na verdade a maioria tinha muito respeito (Ana).

A leitura, sabe como era feita para eles serem promovidos? Individual, num livro que eles nunca viram dentro da série repetente. Quando o Zezinho, que era o mais levadinho da turma, chegou eu falei assim: Zezinho! Vamos abrir aqui, vamos escolher uma leitura pra você. (...) Aí ele leu. Aí eu peguei e coloquei na leitura: LEITURA 10! (...) Aí ele começou a chorar. Nós estávamos sentados, ele começou a chorar e me agarrou assiiiim... Me molhou o rosto e falou assim: D. Eunice, adoro a senhora. Eu não aprendia a ler, eu pelejava e não conseguia. Eu tenho que contar isso pro meu pai e pra minha mãe! Eu quero ir lá em casa pra contar que eu passei (Eunice).

Nestas falas de Eunice e Vicentina ecoam a importância do afeto e do amor não só pelos alunos mas também pela profissão. Não pode ser, entretanto, um amor desprendido das relações de trabalho e acima das contradições. Isso as conduziria a um exercício messiânico e vocacionista da profissão. Estamos falando de um amor plantado no chão do contexto cultural em sua totalidade, que portanto, não pode ignorar nenhuma das interfaces que compõem o ser humano em sua completude. Esse amor se expressa sempre no espaço das relações estabelecidas com o outro. *"É na relação com o próximo, numa atividade comum, que este, por intermédio da linguagem, acaba por se constituir e se desenvolver enquanto sujeito"* (Davis, 1989, p. 50).

Assim, numa relação pedagógica cuja finalidade é a formação do sujeito, a linguagem tem que expressar o amor no bojo da ação cognitiva significativa, senão não é amor, é paternalismo, uma vez que não garante a seus alunos os fundamentos necessários para eles se fazerem cidadãos. Em outras palavras, uma aula feita de afeto, mas desacompanhada de conteúdos significativos, nega a alunos e professores a oportunidade de estabelecerem relações propiciadoras de conscientização. Ou seja, *"A interação com o outro (...) adquire (...) um caráter estruturante na construção do conheci-*

*mento na medida em que fornece, além da dimensão afetiva, desafio e apoio para a atividade cognitiva"* (Davis, 1989, p.52).

Edna demonstra saber disso e faz uma aula recheada de afetividade, significado, desafios e descobertas partilhadas.

> Eu lembro que a gente estudando os girinos eu peguei a classe toda fui para um córrego que tinha no fim da cidade e fomos pegar peixinho, nós entramos na água, professora e alunos, saímos cheios de lambari, pusemos na sala e ficamos observando ali. Pra mim também era uma descoberta que eu vivificava com eles essas experiências.

A base destas interações, como de quaisquer outras, é a linguagem. Vygotsky aponta que a aprendizagem é um processo social por excelência e que ela *"ocorre na interação com adultos e companheiros mais experientes, onde o papel da linguagem é destacado"* (Freitas, 1994, p.105). Essa forma de pensar a linguagem é assim explicitada por Kramer (1994): *"linguagem é produção humana acontecida na história, produção que - construída nas interações sociais, nos diálogos vivos - permite pensar as demais ações e a si própria, constituindo a consciência* (p. 103).

Através da Linguagem, nós, situados na história e construtores dela, cruzamos nossas vozes com as vozes de Eunice, Cristina, Hilda, Ana, Áurea, Vicentina e Edna. Num primeiro momento, encontro de vozes e corpos; num segundo momento vozes coladas em papéis, mas tão vivas quanto nossas interlocutoras. Também ouvimos vozes de Bakhtin, Jobim & Souza, Kramer, Freitas e outros. É uma rica polifonia desde as primeiras ações, cujos fios vieram sendo tecidos pela linguagem e aqui chegamos. Fios estes reveladores das histórias de vida de todos que participaram da interlocução, inclusive das nossas. Pois, à medida que pensamos as ações e pensamentos de nossas entrevistadas, também nos revelamos através deste diálogo que construímos pela palavra. Palavra que nos permitiu, à luz de várias vozes, pensar juntos a prática pedagógica de alguns sujeitos situados no chão de um período histórico do país. Palavra que pretende ecoar nos ouvidos de outros interlocutores que conosco vão dialogar sobre histórias de professores. Palavra que tem sua escrita aqui interrompida, mas não morre, pois continuará dialogando com outras ricas vivências das nossas professoras-mulheres.

*Palavra viva*
*Palavra com temperatura, palavra*
*Que se produz*
*Muda*
*Feita de luz mais que de vento, palavra*

*Palavra dócil*
*Palavra d'água pra qualquer moldura*
*Que se acomoda em balde, em verso, em mágoa*
*Qualquer feição de se manter palavra*

*[...]*

*Palavra boa*
*Não de fazer literatura, palavra*
*Mas de habitar*
*Fundo*
*O coração do pensamento, palavra.*
Chico Buarque

## Referências Bibliográficas:

ARAÚJO, M. Y. *Iniciação à leitura*. Belo Horizonte: Vigília, 1972.

BAKTHIN, M. *Marxismo e Filosofia da Linguagem*. São Paulo: Hucutec, 1988.

CHRISTO, M. de C. V. *A Europa dos pobres: a belle-époque mineira*. Juiz de Fora/EDUFJF, 1994.

DAVIS, C. (et alii.). Papel e valor das interações sociais em sala de aula. *Cadernos de Pesquisa*, São Paulo, 71, nov. 1989, p.49-54.

FONTOURA, M. M. Fico ou vou-me embora? In: NÓVOA, A. (org.). *Vidas de Professores*. Portugal: Porto, 1992.

FREIRE, Paulo & SHOR, Ira. *Medo e ousadia: o cotidiano do professor*. Rio de Janeiro: Paz e Terra, 1992.

FREITAS, M.T. A. *Vygotsky e Bakhtin - Psicologia e Educação: um intertexto*. São Paulo: Ática / EDUFJF, 1994.

FUSARI, J. C. Tendências Históricas do Treinamento em Educação. *Caderno Idéias*, São Paulo: FDE, 1992, p.13-27.

GARCIA. A relação pedagógica como vínculo libertador. In: PATTO, M. H. S. *Psicologia Escolar*. São Paulo: Ática, 1983.

GRAMSCI, A. *Os intelectuais e a organização da cultura*. Rio de Janeiro: Civilização Brasileira, 1991.

HOFFMANN, J. *Avaliação: mito e desafio*. São Paulo: Loyola, 1991.

HOLLY, M. L. Investigando a vida profissional dos professores: dados biográficos. In: NÓVOA, A.(org.). *Vidas de professores*. Porto: Porto Editora, 1992, p.79-110.

JOBIM & SOUZA, S. *Infância e Linguagem: Bakthin, Vygotsky e Benjamim*. São Paulo: Papirus, 1996.

KOSIK, K. *Dialética do concreto*. Rio de Janeiro: Paz e Terra, 1976.

KRAMER, S. *Por entre as pedras: arma e sonho na escola*. São Paulo:

Ática, 1994.
LARA, T. A. *A escola que não tive... o professor que não fui: temas de filosofia da educação.* São Paulo - Uberlândia: Cortez, EDUFU, 1996.
LISPECTOR, C. *Um sopro de vida.* Rio de Janeiro: Francisco Alves, 1994.
NUNES, Lygia Bojunga. *Livro: um encontro com Lygia Bojunga Nunes.* Rio de Janeiro: Agir, 1990.
OLIVEIRA, M. *Vygotsky aprendizado e desenvolvimento um processo sócio-histórico.* São Paulo: Scipione, 1993.
SAVIANI, Dermeval. *Pedagogia Histórico-crítica: primeiras aproximações.* São Paulo: Cortez, 1991.

# Compreendendo
# de professoras frent
# políticas públicas d

*Olhe, eu já não sei mais nada. A essas alturas da vida desaprendi tudo. E queria te dizer que me guardo hoje, avarentamente, como se fosse preciosa demais: um brilhante muito duro e muito frio. (...) Até hoje não sei se foi a literatura que me salvou ou se foi ela que me impediu de viver. Você já deve saber, eu virei escritora, já devia ser naquele tempo, só que preferia gastar meu tempo lendo e não escrevia uma linha. (...) Descobri o mundo através da literatura e isso é uma coisa estranha, porque a vida fica parecendo pouco natural e natural apenas o que se lê. (...) E veja, escrevi apenas sobre a vida, nunca soube falar sobre outro assunto, mas me pus muito mais no escrever do que no viver. (...) Às vezes penso em sair por aí pregando feminismo, alguém tem de ensinar às mulheres a ditarem regras, os homens não têm sabido se conduzir, o sexo feminino há séculos humilhado precisa fazer alguma coisa. Para os homens, a vida é uma espécie de corrida e as mulheres vão correndo atrás. Que aflição me dá essa submissão das mulheres, quando elas é que carregam os filhos no ventre. (...) Às mulheres não é dado envelhecer, por isso elas ficam pintando os cabelos, esmagando as carnes, colocando em lugar dos olhos aquela coisa vidrada e sem expressão, tudo isso para agradar os homens. Eu gosto (como vê, continuo bastante*

# atuação

# s

# ucação

**Maria Tereza Scotton José**[21]

*›riginal) dos sulcos ao*
*edor dos meus olhos e*
*›or nada desse mundo*
*›erderia o meu olhar.*
*Vunca fiz questão de*
*gradar homem nenhum,*
*ou muito rude e áspera*
*10 amar, só sei ser doce se*
*a vida me toca ou*
*embriaga; então me torno*
*'enra como broto ou neve.*
*Essa dura realidade de*
*envelhecer tenho de aceitar*
*sem complacências,*
*convivendo com minha*
*fragilidade. Por isso te*
*escrevo agora, depois de*
*tantos anos, para te dizer*
*que vou ficando mais*
*delicada e o que restou*
*de você em mim foi uma*
*forma de amor tão fina,*
*que só agora aflorou de*
*minha pele tênue e de meu*
*corpo gasto.*

Rachel Jardim

As palavras acima são fragmentos do conto Coração Solitário de uma escritora que foi interna no Colégio Stella Matutina, de Juiz de Fora, como o foram algumas das personagens reais das histórias inseridas nesta pesquisa que aqui estamos relatando. Portanto, há afinidade entre a vida dessa escritora e das professoras pesquisadas.

Muitas histórias tiveram para contar, vividas não somente no Magistério, mas também falaram de seus sonhos, de seus amores, de seus filhos, enfim, vidas de mulheres-professoras. Este texto se dispõe a olhar para o aspecto relacionado às políticas públicas de educação e como as professoras agiam e reagiam a elas.

Stromquist (1996) compreende que o termo "política pública" é um conceito de definição vaga. Pode referir-se a declarações oficiais de intenção de agir sobre determinados problemas, assim como pode assumir na prática múltiplas

---

[21] Mestre em Educação pela UFJF.

formas: legislação, recomendações oficiais em relatórios de organismos e departamentos governamentais e resultados apurados por comissões apontadas pelos governos. As políticas públicas podem ser também criadas em países em desenvolvimento através de projetos derivados de outros.

Stromquist (1996) também considera que políticas públicas não se apresentam tal como um texto concreto e constante que se transmite de um local para o outro, uma vez que os contextos se diferenciam, variando em limitações ou oportunidades, assim como estão condicionados à existência de elementos, tais como: intencionalidade, instrumentalidade, interação, poder e temporalidade.

Não se pode dizer que uma política pública é formulada em uma seqüência linear; muitas pessoas participam do processo e assim vão inserindo nela alterações derivadas da interpretação que fazem e da concordância ou não em relação àquilo que a política pública propõe. Todavia, não se pode afirmar que todas as políticas públicas são imprevisíveis, mas o que se pode afirmar é que, enquanto *"território disputado por forças em oposição, pode-se prever, ocasionalmente, vitória das partes mais fortes"* (Stromquist, 1996, p. 28).

Concordando com Frigotto (1995), a educação no Brasil tem se apresentado historicamente como um campo social de disputa hegemônica. Por ser a educação constituída e constituinte das determinações e relações sociais, a disputa ocorre na perspectiva de *"articular as concepções, a organização dos processos educativos na escola e, mais amplamente, nas diferentes esferas da vida social, aos interesses de classe"* (p. 25).

Assim, as classes dominantes acabam por limitar a educação para os grupos sociais de trabalhadores, quando, ao estender até eles a escolarização, fazem-no com a finalidade de habilitá-los técnica, social e ideologicamente para o trabalho. Analisando historicamente a construção dos grupos escolares em Juiz de Fora, Christo (1994) observou que a escola esteve voltada para a formação de trabalhadores, que por sua vez deveriam ser formados por professores submissos. Segundo a autora, os grupos escolares tiveram sua arquitetura semelhante à das fábricas, composta de tijolinhos vermelhos. O grupo escolar, tal como uma fábrica, era proposto como *"agente de 'domesticação' das crianças pobres e ideal utópico de educação da classe trabalhadora"* (p.142).

Fusari (1992) reconhece que na educação há uma autonomia relativa, em que o papel da educação é determinado pelos interesses econômico-políticos dominantes em diferentes momentos. Assim, *"os educadores sempre foram treinados para corresponder a determinadas expectativas, expressas principalmente nos textos legais"* (Fusari,

1992, p.13). Há, portanto, um confronto entre a realização profissional, o trabalho enquanto criação e a obediência aos dispositivos legais. Nesse sentido, o professor teria a sua identidade comprometida pelas políticas públicas de educação, fragmentando-se ao limitar-se à concordância social. No entender de Benjamin (1984):

> *Todo indivíduo atuante aspira à totalidade e o valor de uma realização está justamente nela, ou seja, no fato de que a essência total e indivisível de um homem se manifeste. Mas a realização socialmente fundamentada, tal como hoje a encontramos, não contém a totalidade, é algo completamente fragmentário e derivado. Não raramente a comunidade social é o lugar onde, sorrateiramente e na mesma sociedade, luta-se contra desejos mais elevados, metas mais pessoais, mas onde é encoberto um desenvolvimento natural e mais profundo. O desempenho social do homem médio serve, na maioria dos casos, para recalcar as aspirações originais e não derivadas do homem interior (p.33-34).*

Como conciliar, então, totalidade humana e desempenho social no campo da educação, uma vez que as políticas públicas podem comprometer o desempenho da professora?

Concordo com Frigotto (1995) que o desenvolvimento de todas as condições físicas, mentais, afetivas, estéticas e lúdicas do homem é que lhe dá a possibilidade de de ampliar a sua capacidade de trabalho. Assim sendo, a qualificação humana não pode ser mercantilizada e, *"quando isso ocorre, agride-se elementarmente a própria condição humana"*(Frigotto, 1995, p. 32). Não sendo criador por ter impedida sua capacidade de transcender-se, o homem transforma-se em mercadoria.

Mas para compreender como as professoras reagiam às políticas educacionais, é preciso antes compreender como elas se situavam socialmente no contexto educacional, ou seja, que lugar ocupavam no espaço da instituição escolar. Tendo sido esta produzida para funcionar a partir de uma hierarquia social, terá a professora um lugar inferior nesta hierarquia.

## 1- Interior e exterior

Historicamente, o conceito produzido sobre a profissão professor não esteve relacionado à prática social deste profissional enquanto figura-chave do processo educacional responsável pela construção de seres humanos. O papel do professor foi minimizado - ou depreciado - sendo que os outros cargos do topo da hierarquia social da escola tiveram maior destaque e respeitabilidade: a pessoa do diretor e a do especialista.

O conteúdo de "ser professor" passa a ser internalizado por meio de seu significado exterior. Segundo Bakhtin (1992, p.112): *"Não é a atividade mental que organiza a expressão, mas ao contrário, é a expressão que organiza a atividade mental, que a modela e determina sua orientação".* A atividade mental existe, portanto, a partir da expressão semiótica construída socialmente. Como revela Fernando Pessoa (1980): *"Sim, antes de sermos interior somos exterior./ Por isso somos exterior essencialmente"* (p.182).

No caso da expressão "professora", terá para aquelas que o são, um significado de menor prestígio. Assim, era natural ou desejável deixar o trabalho no magistério primário para atuar em outros cargos:

> Como professora no grupo eu trabalhei muito pouco porque logo depois fiz o curso e passei ao que hoje se chama de supervisor. (Hilda)

> Eu gostava de dar aula, mas eu achava pouco também. Eu dei aula muito pouco tempo, 3 anos só. (Ana)

> Depois eu passei para auxiliar de diretoria. Fiquei quase 4 anos neste cargo. Depois de auxiliar de diretoria, fui diretora substituta, fui eventual e fui trabalhar na campanha nacional de merenda escolar. (Cristina)

Das 7 professoras pesquisadas, apenas uma aposentou-se como professora primária. Poderíamos pensar que isso se deveu ao fato de ela não ter feito um curso superior e por isto não obteve uma projeção na carreira. No entanto, a professora não concluiu apenas um curso superior, mas dois: Direito e Pedagogia.

Também foi possível observar que, ao deixarem o trabalho na sala de aula e passarem a ocupar um cargo de maior prestígio na hierarquia da escola, elas o incorporavam como se a "professora primária" não fizesse mais parte de sua identidade e rebaixavam a profissão, chegando a depreciar o potencial criador das professoras com quem trabalhavam:

> Porque quando elas vão trabalhar lá comigo elas sabem que encontram uma pessoa que tem caridade, porque quando você chega numa classe a primeira vez, você é professora. Todo mundo tem medo dos meninos, isso ninguém vai falar que não. (Eunice)

> As provas do grupo eram feitas por mim e pela Áurea, não era pela professora. Nós dávamos o programa, dizia assim: -Você vai ensinar isto! Então dentro daquele programa que nós tínhamos dado a cada mês, nós fazíamos as provas. (Hilda)
> Eu comecei a observar as minhas professoras. Eu era obrigada a mandar dar leitura oral porque elas não davam. (...) quando chegava no final do curso nós aplicávamos o teste, nós mesmos. Não deixávamos para o professor não. Então eu lembro que eu fazia uma relação das escolas e o dia que eu ia lá aplicar o teste. Então só aqueles que nós aplicávamos o

teste é que recebiam o diploma de alfabetizado, senão nós não dávamos. (...) Eu acho que elas,[as professoras primárias], deixam muito a desejar. Eu acho que o curso Normal só é muito pouco. (Ana)

## 2- Oprimido e opressor

Ao mesmo tempo em que tinham nas mãos o poder, assujeitando a ele as próprias companheiras, eram também assujeitadas à política educacional vigente. Como considera Sousa et alii (1996): *"Educadas dentro e fora da escola para serem submissas, era-lhes natural que o saber emanasse do livro, do professor, do diretor, do topo da pirâmide acadêmica ou administrativa, e não de suas próprias cabeças"* (p.66). Assim, apoderavam-se da palavra com aquelas de sua própria classe, mas eram submissas àqueles que desconsideravam a classe do Magistério e a educação:

> Durante muito tempo quem avaliava o nosso trabalho era a Secretaria de Educação. Então vinham as provas, os testes, né? Lacrados, chegavam no dia da aplicação. O inspetor distribuía pelos grupos e cada grupo não aplicava no seu próprio grupo não. Era em outro grupo para evitar desonestidade. (...) Agora, Nós lá no grupo nunca sentimos pressão, nunca sentimos mesmo. (...) Eu falei, eu nasci para obedecer e não para mandar. (Hilda)

> Outra coisa, eram centralizadas as diretrizes da educação. As diretrizes vinham de Belo Horizonte. (Edna)

> Então tinha aqui em Juiz de Fora uma coordenadora que eu nem vou falar o nome porque ela é muito conhecida. Uma coordenadora que ia a Belo Horizonte diariamente, trazia as orientações pra nós e passava pra gente. Então os livros eram a nível federal. Eles mandavam pra gente. Cada livro maravilhoso que tinha! Eram muitos: as cartilhas, os livros de História, de Geografia, tudo assim para o adulto. (Ana)

> O programa vinha de Belo Horizonte. Um programa mínimo que as diretoras organizavam com as professoras. Elas distribuíam assim na reunião aquele programa mínimo mensal. As provas também vinham de Belo Horizonte. Quando eu trabalhei aqui no professor Lopes, eu me lembro que vinha coisas que nem as professoras sabiam. Às vezes as professoras que aplicavam as provas, porque tinha as observadoras, tentavam soprar e os alunos escreviam os maiores absurdos, porque não tinham ouvido falar daquilo, né? Então as provas vinham de lá. Era um rigor mesmo! (...) Às vezes a prova não tinha nada a ver com o programa que vinha. (Cristina)

> O trabalho nosso era controlado pela direção da escola, como ainda é até hoje. Mas sempre houve uma pessoa assim para orientar as professoras. Era... naquela época chamava orientadora... supervisora... (Eunice)

Foi possível observar que a professora já referida, a única que aposentou-se exercendo o Magistério primário, não se submetia às determinações das políticas públicas de educação:

> Aprendemos muito com o regime militar, aprendemos muito com as diretoras que pregavam a verdadeira ditadura, porque tinha diretora que ficava no poder, assim na direção da escola 20 anos, 30 anos e achava que isso era bonito e queria que a gente engolisse isso. (...) A gente aprendeu muito com elas, aprendeu que a gente diante daquela pressão, diante daquela resistência de ceder o lugar pra outro, a gente tinha mais é que lutar... Ah, fui agitadora, passei por pressões... inclusive me transferiram, não pelo fato de eu ser relapsa em sala de aula, mas pela minha rebeldia em relação aos superiores, delegada de ensino. Sempre tive um enfrentamento com esse pessoal todo. Era tida dentro da delegacia de ensino como uma professora rebelde. (...) Você tinha que entrar naquele esquema, naquele esquema que eles queriam, esquema de bonzinho, obediente, de vaquinha de presépio. (Vicentina)

Mesmo vivendo sob pressões, a professora vai se situando na profissão, vai lutando, enquanto que as outras que ocupavam os cargos mais altos comprometiam o lado ético da profissão, uma vez que interesses pessoais se sobrepunham aos interesses coletivos:

> Esses projetos eram determinados pela Secretaria de Educação. Eu acho que com a maior boa vontade, não estou falando mal, estou falando bem. Mas era ordem. (...) Nós recebíamos treinamento de Belo Horizonte. Agora, a minha opinião particular é que eu gostei e que dava resultado, mas não é a opinião geral. (Edna)

> O MOBRAL foi uma coisa muito boa na minha vida. Eu era muito tímida quando era criança. Nessa época que eu entrei para o MOBRAL é que eu fui perdendo a timidez. Então tenho que agradecer muito porque a pior coisa do mundo é ser tímida demais. E era uma coisa que eu não conseguia vencer. E o MOBRAL me obrigou a acabar com a timidez porque nós tínhamos que visitar muitas escolas. Eu conheci muita gente. Eu fui me soltando. Isso pra mim foi muito bom. (Ana)

> Eu como diretora... eu vejo gente reclamar que o Governo faz isso, faz aquilo, o Governo não manda isso. Eu nunca, não é mentira minha nem bafo, eu nunca pedi alguma coisa ao secretário da educação que não me fosse dado, porque eu não pedia bobagem, eu quando pedia, já ia com meu esquema, nunca me falaram agora não podemos, nunca... eu fiz no grupo Antônio Carlos tudo que eu quis fazer... (Áurea)

A garantia de um cargo de maior prestígio no espaço da instituição escolar implicava submissão à educação proposta pela política do governo. Enquanto uma professora era transferida de escola por discordar do sistema vigente, a professora que ocupava o cargo de coordenadora assujeitava-se à vontade política:

> Então a gente achou que os projetos vinham, a gente colhia os resultados, fazia a parte estatística deles, às vezes com resultados positivos, mais positivos que negativos porque eles detectavam muitas coisas que procuravam sanar durante o projeto, depois acabava. Então no Projeto Alfa nós resolvemos que Juiz de Fora não ia entrar e fomos para Belo Horizonte conversar com D. Auxiliadora Machado que era Secretária de Educação. Ela só falou assim: "Muito bem, Juiz de Fora não vai entrar". Era a D. Aparecida a coordenadora da área de educação e eu do primeiro e segundo graus. "Vocês duas vão assinar um termo de responsabilidade porque estão isentando Juiz de Fora dos benefícios desse projeto". Nós olhamos assim... Aí mudamos de idéia, porque como privar a criança de benefício? Aí nós resolvemos aceitar o projeto. (Edna)

Ao ler os depoimentos, parece que as professoras que assumiam o papel de opressoras fossem talvez mais oprimidas do que aquelas a quem oprimiam.

## 3- Horizonte social

Bakhtin (1992) considera a influência da situação social (hierarquia) nas condições em que as enunciações são produzidas. Assim, o que pode ou não ser dito depende do interlocutor que se tem à frente. Nas palavras de Bakhtin *"um certo horizonte social definido e estabelecido é que determina a criação ideológica do grupo social e da época a que pertencemos, um horizonte contemporâneo da nossa literatura, da nossa ciência, da nossa moral, do nosso direito"* (1992, p. 112).

Os responsáveis pelas políticas públicas vão tomar como referência o horizonte social que venha atender a seus interesses, adequando-o à educação. Assim, segundo Goulart (1994), várias vezes definiu-se um currículo para o ensino fundamental na escola pública mineira, tendo cada proposta um vínculo político-social com o momento de sua produção: no final da década de 20, em meados da década de 50, em 1974, em 1986 e no período de 1994 a 1998. A maioria das propostas curriculares tomava como referência a Pedagogia Liberal, manifestação do capitalismo.

Ainda no dizer de Goulart (1994), deu-se em Minas Gerais, no ano de 1928, a Reforma do Ensino Primário e Normal com inspiração na Escola Nova de modelo europeu, fazendo emergir uma proposta curricular que refletia a tendência Liberal Renovada, em oposição à tendência Liberal Tradicional, com ênfase nas etapas do desenvolvimento do aluno e na utilização dos métodos ativos.

No final da década de 50, nova proposta curricular foi organizada com inspiração também na Escola Nova, mas desta vez no pragmatismo americano, trazido a Minas Gerais pelos professores que foram enviados às escolas americanas, formação devida ao Ponto IV do discurso de Roosevelt, que previa o auxílio aos países subdesenvolvidos. O conteúdo era menos enfatizado do que o método, como na proposta anterior.

Como estas propostas eram compreendidas pelas professoras?

> Lembro que quando comecei a lecionar lá no grupo, me deram uma classe que tinha passado para o segundo ano e não sabia ler. É que tinha, naquele entusiasmo pelos métodos novos, uma professora técnica muito entusiasmada pelo método Decroly. Era Decroly pra cá, Decroly pra lá... E então passou todos os alunos dela, ela aprovou todos. Foram todos para o segundo ano, mas nenhum deles sabia ler. Eu só tinha um aluno, vou até falar o nome dele, Walter Carneiro, que foi funcionário do Banco do Brasil, era o único que sabia ler, os outros todos não sabiam. Então, eu não conhecia bem os métodos, os processos de ensino, porque a metodologia estava um pouco atrasada ainda, em 1931 ainda não estava ainda como é hoje. Então eu desenhava as coisas no quadro, por exemplo, um navio, escrevia embaixo e ia ilustrando com meus lindos desenhos (risos), e ensinava assim aos meninos para poder salvar a classe... Eu dizia ao Diretor: "Mas eles não sabem ler!" "Pois então ensine!" Essa classe era chamada a classe do Decroly, mas do Decroly não tinha nada. (Hilda)

> Tinha muito é a Psicologia Educacional. Eles orientavam muito a gente na área da Psicologia pra não gritar com os alunos, pra ter muita paciência, aí eu acho que deixava até a desejar. (...) Mandavam a gente tratar a criança como uma "louça". Ela podia fazer tudo. (Ana)

Percebe-se que as teorias que fundamentavam as propostas não eram estudadas com profundidade pelas professoras, apenas eram repassadas superficialmente, como nos dias de hoje, em que a adesão aos modismos provoca equívocos na prática pedagógica. Olhar para o passado, acompanhando a memória das professoras que dele fizeram parte, nos permite compreender que a história da educação brasileira foi construída sem que nela se construíssem professoras-pesquisadoras. Ao contrário, as propostas enfatizavam a existência de professoras tarefeiras, adestráveis.

Se em décadas anteriores o procedimento foi esse, muito mais o será a partir da década de 60, com a ditadura militar, quando estruturou-se em Minas Gerais a tendência Liberal Tecnicista, articulando educação e sistema produtivo (Goulart, 1994).

Na década de 50 e início da década de 60, todos os setores da sociedade brasileira se mobilizaram em torno da implantação de *reformas de base*, com a finalidade de resistir ao grande capital transnacional e às oligarquias. Isso se evidenciou nos movimentos de cultura popular, educação popular, estudantes, cinema novo, teatro popular e erradicação do analfabetismo, caminhos estes, que esboçavam a implantação de uma sociedade justa e democrática (Frigotto, 1995).



Nesse período, destacou-se a atuação de Paulo Freire, que defendia a educação com o homem, inversa à então vigente educação para o homem (Cunha e Góes, 1991). O que representou o método de alfabetização de Paulo Freire em termos políticos?

> No clima das Reformas de Base do Governo de Jango, o Sistema Paulo Freire foi um verdadeiro achado. Através dele seria possível - era a previsão - acrescentar cinco milhões de eleitores ao corpo eleitoral em 1965 e assim desequilibrar o poder da oligarquia em favor do movimento popular. De janeiro de 1962 (Dona Olegarinha [Centro de Cultura onde nasceu o Método]) até final de 1963 e início de 1964, a proposta Paulo Freire de alfabetização em 30 horas saiu dos limites de uma quase anônima experiência com cinco analfabetos para ser adotada nacional e oficialmente como proposta do governo federal. (Cunha e Góes, 1991, p.21)

É possível compreender que, nesse período, portanto, os movimentos populares constituíram-se fortemente. Não somente no Brasil, mas também na América Latina, surge uma primeira onda democratizadora. Cai Peres Gimenez, na Venezuela; na Argentina, é eleito Frondisi; na Colômbia, termina a violência; na Costa Rica e no Uruguai, consolidam-se regimes democráticos; caem Batista (Cuba) e Trujillo (República Dominicana). Entretanto, *"quando se abrem as comportas, as elites se espantam" (Castañeda,* 1996, p. 5). E as elites recorreram aos seus exércitos para pôr fim ao regime democrático na América Latina. No Brasil, ocorreu o golpe contra o governo João Goulart.

Os movimentos populares tiveram seu processo interrompido ao serem decepados pelo *golpe civil-militar* de 1964. "Terminam os tempos da *Voz Ativa e começa a girar a Roda Viva"* (Cunha e Góes, 1991, p. 34).

A *Roda Viva* caracterizou-se pelo economicismo que, acreditava-se, levaria ao desenvolvimento brasileiro, que por sua vez operaria o *milagre econômico* e a eqüalização social. A educação seria peça-chave para a concretização da teoria desenvolvimentista, passando a ser considerada como fator de produção, formadora de capital humano! (Frigotto, 1995).

Segundo o mesmo autor, a teoria do capital humano foi disseminada nos países latino-americanos como panacéia para a solução das desigualdades entre países desenvolvidos e subdesenvolvidos e entre os indivíduos. Os responsáveis por essa disseminação foram os organismos internacionais, tais como BID (Banco Interamericano de Desenvolvimento), BIRD (Banco Internacional para Reconstrução e Desenvolvimento), OIT (Organização Internacional do Trabalho), UNESCO (Organização das Nações Unidas para a Educação, Ciência e Cultura), FMI (Fundo Monetário Internacional), USAID (United States Aid Internacional Development) e regionais : CEPAL (Comissão Econômica para a América Latina e Caribe) e CINTERFOR (Centro Interamericano de Pesquisa e Documentação sobre Formação Profissional), representantes do capitalismo integrado ao grande capital. Em que, afinal, consiste a teoria do capital?

> *A idéia-chave é de que a um acréscimo marginal de instrução, treinamento e educação, corresponde um acréscimo marginal de capacidade de produção. Ou seja, a idéia de capital humano é uma "quantidade" ou um grau de educação e de qualificação, tomado como indicativo de um determinado volume de conhecimentos, habilidades e atitudes adquiridas, que funcionam como potencializadoras da capacidade de trabalho e de produção. Desta suposição deriva-se que o investimento em capital humano é um dos mais rentáveis, tanto no plano geral do desenvolvimento das nações, quanto no plano da mobilidade individual (Frigotto, 1995, p. 41)ta suposição deriva-se que o investimento em capital humano é um dos mais rentáveis, tanto no plano geral do desenvolvimento das nações, quanto no plano da mobilidade individual (Frigotto, 1995, p. 41)*

Os postulados da teoria do capital humano influenciaram profundamente os (des) caminhos das concepções políticas e práticas educativas no Brasil, sobretudo de 1968 a 1975. A educação ficou ajustada a um capitalismo associado e subordinado ao grande capital (Frigotto, 1995). O autor cita entre os efeitos negativos do economicismo na política educacional do regime militar, o desmantelamento da escola pública,a difusão de uma concepção de educação como "negócio", o tecnicismo educacional levando a uma fragmentação do processo de conhecimento, etc. Os depoimentos das professoras entrevistadas evidenciam a crise sofrida pela educação nesse período:

> Eu trabalhei na época da ditadura, minha filha, tudo vinha de cima, era centralizado. Ninguém podia reclamar, ditadura, você falava alguma coisa? Se falasse você era preso. Quando eu trabalhei na delegacia de ensino por acaso nessa última ditadura do Brasil, em 64 que iniciou e foram 20 anos. Lá a gente fazia muita hora cívica e eu adorava, a gente hasteava a bandeira todo dia. Um dia por semana fazia uma saudação,

um acontecimento marcante em Juiz de Fora era falado, alguma coisa sobre educação... Eu achava produtivo, eu gostava. Agora, o Coronel sabia quem não ia à hora cívica e às vezes ele ia lá na sala onde tinha alguém. (...) Nunca ia pra frente os projetos. Era um ou dois anos, acabava a verba, acabava o projeto e a gente já estava cansada disso. (Edna)

Eu tive experiências de uma educação mais fechada, diretores da escola eram indicados politicamente e tinha essa parte... peguei uma parte do regime militar que não tinha nenhuma abertura e a educação tinha que ser voltada pra ministrar conteúdos que os militares gostariam que fosse ministrado, como Educação Moral e Cívica, OSPB, tudo voltado para atender aos princípios pregados pelos militares. Então eu vivi essa experiência que foi uma experiência não muito agradável para a educação, porque você não tinha sua liberdade, a sua liberdade de expressão. Você era tolhida, qualquer coisa você corria o risco de ser chamado na quarta região militar para depor. (...) Parecia até que a gente pregava no deserto e, de vez em quando, a gente era submetido a certas chamadas por parte do diretor. O diretor era colocado politicamente, então era indicado pelo militar (...). Você sozinha não podia fazer nada. O pessoal calava muito. (Vicentina)

Mas nós levamos o MOBRAL aqui muito a sério, porque no Brasil inteiro, inclusive eles faziam força com a gente para dar diploma de alfabetizado a quem não estava alfabetizado. Vinha ordem de cima, inclusive eles nem gostavam muito de mim não - a cúpula do MOBRAL. Eu é porque fui contratada pela prefeitura, então eles davam autonomia pra gente, eles confiavam na gente: o Professor Murílio, o Prefeito - o Itamar, por exemplo. Eles confiavam no nosso trabalho. Mas nós recebíamos as ordens de Belo Horizonte, que era pra dar diploma de alfabetizado pra todo mundo. Por isso que no Brasil não deu certo. Eles queriam assim, que a gente passasse todo mundo. Mas nós fazíamos o contrário. Mas no Brasil inteiro aí não, o pessoal recebeu o diploma adoidado sem estar alfabetizado. Uma pessoa que assinasse o nome eles achavam que devia dar o diploma. (Ana)

Não somente no campo profissional o regime militar teve influência nas histórias de vida das professsoras, mas também no campo afetivo, como foi o caso de Ana, que separou-se do namorado por ele ser um estudante universitário engajado no movimento de luta contra o regime. Ela perdeu o namorado... e foi servir ao sistema!

Em 67 eu namorei o Ricardo, um professor de História. (...) Ele era professor de História e eu fazia o curso de Administração. (...) Aí nós terminamos. Terminamos mas eu gostava dele e acho que ele gostava de mim. Nós ainda chegamos a voltar. Mas eu vi que não dava mesmo, porque ele era muito ligado em política estudantil. Demais mesmo! E

> na época era muito perigoso. Eu tinha medo. (...) E eu passei a atuar no MOBRAL. (Ana)

E o Tecnicismo, que sustentou as propostas curriculares das décadas de 60 e 70 em Minas Gerais, passa a receber críticas que emergiram no Brasil na década de 70 através das teorias crítico-reprodutivistas de Bourdieu, Passeron, Baudelot e Establet, que vieram a influenciar a proposta curricular seguinte, em Minas Gerais, de 1974. A ênfase nesta proposta era para o desenvolvimento da consciência crítica, o que na prática manifestava-se assim:

> A questão da cidadania eu mostrava... Olha, vocês estão aqui, vocês pensam que nós estamos fazendo um favor pra vocês, não é nenhum favor, é um direito que vocês têm de aprender e de cobrar. (...) Então você ia trabalhando esses conceitos pequenos, simples, ia mostrando que ele tinha direitos. Ia aproveitando o dia-a-dia quando surgia algum problema. (Vicentina)

Assim, o horizonte social que cerca a professora vai influenciar sua prática pedagógica. Segundo Stromquist (1996) as políticas públicas governamentais predominantes na educação - e em outros campos sociais - não objetivam promover um processo que altere as estruturas de poder. Se ele se refere ao caso americano, o que dirá do caso brasileiro...

## 4. A MULHER-PROFESSORA

Histórias de professoras são também histórias de mulheres. É pertinente a afirmação de Jennifer Nias, que Nóvoa (1992, p.15) cita como referência para o estudo da vida de professores, *"O professor é a pessoa; e uma parte importante da pessoa é o professor".* Se enquanto professoras eram pressionadas pela vontade política, enquanto mulheres, esposas e mães tinham seus desejos pouco reconhecidos.

Selecionei a história de Cristina, que em minha opinião, é a história mais bonita entre as 7 professoras entrevistadas, por ser de uma pessoa/professora que lutou pela vida e, ao lutar por si mesma, foi ultrapassando os limites de sua formação e as determinações da política educacional vigente. A história de Cristina vem mostrar que o desejo de realização, com base no sonho de liberdade, de uma pessoa produtora de cultura e construtora de futuro, é muito maior do que as políticas públicas de educação que se impõem às professoras, como também maior do que a hierarquia social que inferioriza a mulher e a professora.

Lendo a transcrição da entrevista de Cristina, hoje com 78

anos, lembrei-me de um conto de Nélida Piñon (1978) intitulado *I love my Husband* e não pude deixar de entrelaçar Cristina e Nélida Piñon: vida e literatura, numa interpretação[22] talvez rara em um relatório de pesquisa, mas que ouso fazer dada a característica da pesquisa, que é qualitativa e do próprio tema, que trata das histórias de vida de leitura e escrita de professoras:

> "Entrei no Colégio Santa Catarina. Fui bem nos estudos. (...) No terceiro normal, no ano em que ia me formar - eu estava com 16 anos, ia fazer 17 em setembro - meu tio foi transferido para o Rio. Aí então eu fui pra lá, mas não estudei porque não aceitaram lá o programa. Era diferente. Eu parei de estudar, me lembro que chorava tanto... E como não ia estudar, a família achou melhor eu casar, já que não tinha mãe... Voltamos para Juiz de Fora, fui ao colégio pra fazer a matrícula - a minha turma já tinha formado - mas a minha tia não quis que continuasse os estudos. Então casei com um primo, mas eu nunca tirei da cabeça o curso, tinha vontade de ensinar. Casei em 1938... Casei e fui morar em Dias Tavares. Tive filho no mesmo ano. Assim, deixei de querer voltar para a cidade, continuar a estudar e botar os meus filhos para estudar".
>
> *Eu amo meu marido. De manhã à noite. Mal acordo, ofereço-lhe café. (...) A mim também me saúdam por alimentar um homem que sonha com casas-grandes, senzalas e mocambos, e assim faz o país progredir. E é por isso que sou a sombra do homem que todos dizem eu amar. O que mais quer, mulher, não lhe basta termos casado em comunhão de bens? E dizendo que eu era parte do seu futuro, que só ele porém tinha o direito de construir, percebi que a generosidade do homem habilitava-me a ser apenas dona de um passado com regras ditadas no convívio comum.*
>
> *Comecei a ambicionar que maravilha não seria viver apenas no passado, antes que este tempo pretérito nos tenha sido ditado pelo homem que dizemos amar. Ele aplaudiu meu projeto. Dentro de casa, no forno que era o lar, seria fácil alimentar o passado com ervas e mingau de aveia, para que ele tranqüilo gerasse o futuro. Decididamente, não podia ele preocupar-se com a matriz do meu ventre, que devia pertencer-lhe de modo a não precisar cheirar o meu sexo para descobrir quem mais, além dele, ali estivera, batera-lhe à porta, arranhara suas paredes com inscrições e datas.*
>
> *Filho meu tem que ser só meu, confessou aos amigos no sábado do mês que recebíamos. E mulher tem que ser só minha e nem mesmo dela.*
>
> "Em Dias Tavares eu lia menos, a minha vida foi muito difícil porque logo tive filhos, estava me adaptando à nova vida... Nessa época, um fazendeiro, o Sr. Totó Vieira, fez uma escolinha e eu fiquei na maior alegria porque eu ia lecionar. Mas o meu sogro e o marido não deixa-

[22] Os trechos marcados com aspas fazem parte da transcrição da entrevista feita com a professora Cristina, enquanto os trechos em itálico são fragmentos do conto de Nélida Piñon já citado.

ram porque o Zezé ganhava o suficiente e eu tinha que cuidar da casa e das crianças... eu obedeci, mas nunca esqueci..."

*A idéia de que eu não podia pertencer-me, tocar no meu sexo para expurgar-lhe os excessos, provocou-me o primeiro sobressalto na fantasia do passsado em que até então estivera imersa. Então o homem, além de me haver naufragado no passado, quando se sentia livre para viver a vida a que ele apenas tinha acesso, precisava também atar minhas mãos, para minhas mãos não sentirem a doçura da própria pele, pois talvez esta doçura me ditasse em voz baixa que havia outras peles igualmente doces e privadas, cobertas de pêlo felpudo, e com a ajuda da língua podia lamber-se o seu sal?*

"Aí meu marido foi transferido pra cá, como chefe de estação... Mudei da casa do sogro... Mas foi pouco tempo, porque ele foi transferido para Rocha Dias. (...) Mas então de lá o Zezé foi transferido para um lugar chamado Pedra do Sino e eu comecei a ficar revoltada. Tinha três filhos... Tinha família. Fazia cinco anos que eu não via ninguém, sabe, não vou poder ir pra lá não. Aí comecei a impor a minha vontade: Não vou poder ir pra lá não".

*Olhei meus dedos revoltada com as unhas longas pintadas de roxo. Unhas de tigre que reforçavam a minha identidade, grunhiam quanto a verdade do meu sexo. Alisei meu corpo, pensei, acaso sou mulher unicamente pelas garras longas e por revesti-las de ouro, prata, o ímpeto do sangue de um animal abatido no bosque? Ou porque o homem adorna-me de modo a que quando tire estas tintas de guerreira do rosto surpreende-se com uma face que lhe é estranha, que ele cobriu de mistério para não me ter inteira?*

"Pra lá eu não vou não. Aí ele foi, era obrigado. (...) Mas aí o que aconteceu? Ele foi pra lá mas eu já tinha falado com ele que não ia. Ele não quis ficar, pelejou para sair de lá e arranjou para vir para Benfica. E eu deixei a família de lado e comecei a ficar corajosa, telegrafei para a minha família para que aparecesse alguém lá, porque eu estava precisando muito. Mas aí ele, o Zezé, arranjou pra vir pra Benfica e quando eu tinha chamado o pessoal da minha família e ninguém tinha chegado, o meu sogro chegou. Mandou arrumar as malas e ir lá para a casa dele. Mas nessa casa onde eu estava tinha um tanque perto do muro e o trem passava atrás desse muro. Então passou o carro de passageiro - a gente via as pessoas dentro - eu estava nesse tanque e o meu marido gritou lá de dentro: - Dedé, nós vamos para Benfica! Sabe o que eu fiz? Peguei a vassoura e joguei no trem. Já estava começando a me rebelar. Já estava desesperada, ali tanto tempo sozinha naquele lugar, eu sem nada, sem dinheiro, com três filhos quase pequenininhos...

Ficamos pouco tempo em Benfica. Depois fomos pra Igrejinha. E foi nessa época que uma menina que passava lá de trem deu notícias minhas à uma irmã lá do colégio. Então fui chamada no colégio, isso deve ter sido em 1944. Eu fui e levei as crianças... A irmã Gertrudes me deu um colosso de livros. Era pra eu voltar que aquele seria o último ano em que o curso funcionaria com dois anos de adaptação, três normais. (...) Fiquei preocupada por ser casada, mas ela disse que não tinha nenhuma importância. Então peguei os livros todos e comecei a estudar. Estudava com lampião... Mas aí veio outro bebê, aí eu fui lá no colégio, levei os livros porque eu não ia poder mais, a minha barriga ia começar a aparecer. Naquela época seria um escândalo, não podia mesmo uma pessoa esperando filho num colégio de irmã... Fiquei lá em Igrejinha. Ensinava a todos que podia, mas sempre me dedicando mais aos filhos. Eu estava desanimando mesmo... Aprendi corte e costura.

Mas aí o que aconteceu? Quando foi um belo dia, uma contemporânea de colégio minha que chama Lourdes Romualdo Silva mandou um recado pra eu vir no Grupo Almirante Barroso. E eu vim de trem, mal arrumadinha! Me lembro até da roupa que eu vim... Ela perguntou se eu queria lecionar. Acho que ela soube que eu sempre batalhei, que a gente estava preparada naquele colégio, quase formada, né? As professoras eram quase todas leigas naquela época.

Aí eu comecei, sabe, com muita coragem. Não sabia nem métodos modernos... Eu observava minha classe, tipo BR. Naquele tempo classificava de acordo com o repetente... Eu perguntava para a diretora. Então ela me deu o programa mínimo, me deu tudo. E eu comecei a aplicar com aqueles meninos, não aquele método, porque eu não tinha supervisora nem orientadora. Comecei a aplicar o que eu tinha aprendido, o que tinha conseguido aprender com a prática, com a minha vida..."

*Ah, sim, eu amo o meu marido.*

## 5- Compreendendo as políticas públicas para atuar na educação

Conhecer as histórias de vida das 7 professoras entrevistadas que atuaram em décadas passadas possibilitou compreender que a formação no Magistério e em serviço não tem como preocupação possibilitar às professoras uma reflexão ou um debate crítico em relação aos objetivos das políticas educacionais que são implantadas. Importa que as professoras coloquem em funcionamento tais políticas. Há uma ingenuidade político-pedagógica que marca a trajetória dessas professoras e que vai apontar para a necessidade de uma reflexão crítica a respeito dos interesses que determinam os rumos da educação e que, graças a essa reflexão, podem ser alterados pelos atores que fazem a educação.

# Referências Bibliográficas

BAKHTIN, M. *Marxismo e filosofia da linguagem*. São Paulo: Hucitec, 1992.

BENJAMIN, W. *Reflexões: a criança, o brinquedo, a educação*. São Paulo: Summus, 1984.

CASTAÑEDA, J. As duas faces de uma América injusta. *Jornal do Brasil*, Rio de janeiro, 28 de setembro de 1996, Caderno Idéias, p. 8.

CRHISTO, M. C. V. *A Europa dos pobres*: Juiz de Fora na Bélle-Époque Mineira. Juiz de Fora: EDUFJF, 1994.

CUNHA, L. A., GÓES, M. *O golpe na Educação*. Rio de Janeiro: Jorge Zahar, 1991.

FRIGOTTO, G. *Educação e a crise do capitalismo real*. São Paulo: Cortez, 1995.

FUSARI, J. C. Tendências históricas do treinamento em Educação. *Caderno Idéias*, São Paulo, F.D.E., n. 3, p. 13-27, 1992.

GOULART, I. B. O currículo da Escola Pública Estadual de Minas Gerais: referência histórica. Conteúdos Básicos (Ciclo Básico de Alfabetização à 4a série do Ensino Fundamental): Português, história, geografia. Belo Horizonte, *Secretaria de Estado da Educação de Minas Gerais*, v. 1, p. 7-18, 1994.

NÓVOA, A. Os professores e as histórias da sua vida. NÓVOA, A. (org.). *Vidas de professores*. Porto: Porto, 1992, p. 13-30.

PESSOA, F. *O Eu profundo e os outros Eus*. Rio de Janeiro: Nova Fronteira, 1980.

PIÑON, N. I love my husband. JARDIM, R. (org.) *Mulheres e Mulheres*. Rio de janeiro: Nova Fronteira, 1978, p. 113-121.

SOUSA, C. P. et alii. *Memória e autobiografia: formação de mulheres e formação de professoras*. São Paulo, n. 2, p. 61-76, Mai/Jun/Jul/Ago 1996.

STROMQUIST, N. P. Políticas públicas de Estado e eqüidade de gênero. *Revista Brasileira de Educação*, São Paulo, n.1, p. 27-49, Jan/Fev/Mar/Abr 1996.

Impressão e acabamento
**Cromosete**
GRÁFICA E EDITORA LTDA.
Rua Uhland, 307 - Vila Ema
Cep: 03283-000 - São Paulo - SP
Tel/Fax: 011 6104-1176